JN439954

모진 세상 바람처럼

초판 1쇄 인쇄 2016년 12월 15일

지은이 범 천

펴낸이 이승훈

펴낸곳 해드림출판사

주 소 서울 영등포구 경인로 82길 3-4(문래동1가 39)
센터플러스빌딩 1004호(우편07371)

전 화 02-2612-5552

팩 스 02-2688-5568

E-mail jlee5059@hanmail.net

등록번호 제87-2007-000011호

등록일자 2007년 5월 4일

* 책 값은 표지에 있습니다

* 잘못된 책은 바꿔드립니다

ISBN 979-11-5634-168-0

모진 세상 바람처럼

범천 지음

존재와 삶의 허무를 극복하려는 출가
티베트 망명 정부가 있는 북인도 다람살라 유학
그리고 구도인생
애잔한 감정을 감출 수 없는, 유쾌한 별난 이야기들

죽음 앞에서 삶은 아무것도 아니라는 사실, 그리고 어차피 누구나 언젠가는 반드시 죽는다는 사실.
이것이 나에게 삶을 견뎌낼 수 있는 용기를 다시 주었다. 그렇게 해서 나는 죽음을 잠시 뒤로 미뤄
두었다. 그런데 이제 전혀 새로운 괴로움이 생겨났다. '존재와 삶의 허무'라는

해드림출판사

펴내는 말

괴로움을 피하고 행복해지는 것

이 책은 간단히 말하면, 이상하게 태어나서 이상하게 살아온 어떤 이상한 사람이 경험하고 배우고 사유한 것들에 대한 이야기다. 그러므로 당연히 독특한 이야기들이 들어 있다.

왜 썼느냐고 물어본다면, 살면서 고민이 많고 생각이 많다 보니 쓰게 된 글, 또 희한한 경험을 들려주고 싶어서 써 두었던 글을 모아서 결국 한 권의 책이 되었다고 대답해야 할 것 같다.

나는 본래 그다지 명랑하지 못한 사람이다. 우울증을 아마 이십 년도 넘게 앓은 것 같다. 그러나 나의 책을 읽는 사람이 나의 우울함에 전염되기를 나는 바라지 않았다. 그래서 나는 이 책에 명랑한 색을 입히고자 노력하였다. 유머 감각도 없는 사람이 억지로 사람을 웃기려다 보니, 그래서 유치하거나 어색하게 되지는 않았는지 살짝 걱정이 든다. 그래도 그편이 사람들에게 해를 끼치는 것보단 낫겠지.

사실, 나는 책에 저자의 말 같은 것을 쓰기를 좋아하지 않는다. 무슨 말을 써야 할지 항상 난감하다. 이 책에도 나는 저자의 말을 쓰지 않으려 했는데 출판사 사장님이 써 달라 하신다. 책의 홍보에 도움이 될 만한 글을 쓰면 된다고. 그런데 쓰다 보니 홍보는

커녕 책을 덮어버리는 데 도움 되는 글을 쓰고 있는 게 아닌가 싶다. 하하! 죄송합니다, 사장님.

그렇다면 부득이 부끄러움을 무릅쓰고 이 책의 자랑을 조금이라도 해야 하지 싶다.

필자는 티베트 망명 정부가 있는 북인도 다람살라에 유학을 가서 티베트 불교를 전문적으로 십여 년 학습하였다. 티베트 승려들과 매일 몇 시간씩 머리 터지게 논쟁해 가면서. 그것이 바로 티베트 승려들이 불교를 배우는 방식이다. 이 책에도 그러한 방식의 우수성에 대해 조금 설명해 두었다.

이와 같이 전문적으로 배운 지식을 저자는 자신이 직접 경험하고 고민한 삶의 경험을 통해서 친근한 이야기로 녹여내었다.

앞에서 이 책을 이상한 사람의 이야기라고 하였지만, 사실 본질적으로 보면 모든 사람의 삶은 모두 똑같은 말로 요약할 수 있다. '고통 회피, 행복 추구.'라는 말로.

모든 사람이 원하는 것은 다름 아니라 '괴로움을 피하고 행복해지는 것'이다. 바로 그것을 위해 누구나가 수단과 방법을 가리지 않고 온갖 애를 쓰며 살아가고 있다. 그리고 그러한 욕구에 부응해서 답을 주고 있는 것이 바로 불교다. 그러므로 불교란 특정 종교인만의 이야기가 아니라 모든 사람의 이야기다. 이 책을 쓴 필자의 이야기이고, 이 책을 읽는 독자님들 자신의 이야기이다.

2016년 겨울

범

천

차 례

2장 새로운 시작

차 례

3장 바람처럼

4장 나의 스승님들

1 장

외로움

1

외로움

2010년 겨울방학은 나보다 한 살 많은 속가 막내 누이의 집에서 빈대 붙어 지냈다. 내가 떠날 날이 다가오자 누이는 마음이 몹시 심란한 모양이었다. 만화 같은 곳에 표현되곤 하는 고장난 전자 기기처럼 누이의 머리에 웬 전파들이 지지직거리는 듯한 영상이 내 미친 눈에 자주 보이곤 하는 것이었다. 누이가 원래는 참 독한 사람이었는데 지금은 너무 많이 약해져 있다. 고교 시절엔 반에서 1, 2번을 다투던(1, 2등이 아니라) 작고 가냘픈 주제에 각목을 들고 설치며 여고를 주름잡던 독종 중의 독종이 삶의 모진 풍랑을 혼자 힘으로 수없이 거친 지금에 와선 찢어지고 멍들고 짓눌려 약해진 마음만을 갖고 있다. 흔히 고생을 많이 하고 나면 정신적으로 강해질 거로 생각하는데 나 스스로와 사람들을 관찰하면서 느끼기론 꼭 그렇지만도 않은 것 같다.

“이제 자유네. 마음껏 고독을 즐기시오, 이제부턴. 하하!”

짓궂은 나는 불난 누이에게 이렇게 한 번 더 부채질을 하였다.

“만세! 이제 집에서 술부터 퍼마셔 볼까?”

누이가 만세를 부른다.

사실 누이는 고독을 즐길 수 있는 사람이 아니다. 그녀가 가장 싫어하는 것이 바로 외로움이다.

“어떡하면 혼자 살면서도 외롭지 않을 수 있어? 난 외로운 게 너무 싫은데.”

누이가 언젠가 내게 이렇게 말한 적이 있다.

“사람들한테 덜 치였구나? 좀 더 치여 봐. 지긋지긋하게 치이고 나면 그땐 외로운 게 너무 좋을 걸? 크크”

내가 뭐 남들보다 그렇게 특별히 사람들에게 많이 치여 본 것은 아닐 것이다. 단지, 한 가지를 가지면 반드시 잃어버리는 다른 한 가지가 있다는 메시지를 쓰리쿠션으로 보내고 싶었을 뿐이다. 물론 삑사리 났지만.

무엇인가가 좋으면, 그것을 상실하는 것은 당연히 고통이 되고 두려움이 된다. 그것은 동전의 양면과 같다. “난 동전의 앞면만 가질래. 뒷면은 갖지 않게 해 줘.” 이런 부탁은 전지전능한 신이라도 들어줄 수가 없다. 동전을 반으로 갈라서 뒷면을 버려도 앞면이 있는 한 여전히 거기엔 뒷면이 존재한다. 뒷면을 버리는 유일한 방법은 앞면도 같이 버리는 것뿐.

마음이 맞는 사람들과 함께 어울리는 것이 좋으면 그렇게 못하는 것은 당연히 괴로움이 된다.

외로움을 지독히 싫어하는 사람들, "난 무엇보다 외로움이 가장 두려워."라고 말하는 사람들이 종종 있다. 또 어떤 사람들은 성욕 때문에 괴로운 것에다가 외로움이라는 표현을 갖다 붙이기도 한다. "나 섹스하고 싶어 죽겠어."라고 말할 수 없으니까 그 대신 "나 외로워."라고 말하는 것이다. 그런 의미에선 나 역시 종종 외롭다.

국어사전엔 어떻게 나오는지 모르겠지만, 그리고 그것을 찾으러 국어사전을 펼쳐보고 싶은 생각도 없지만, 내 생각에 외로움이란, 타인과 교감을 나누고 싶은 욕구가 좌절될 때 거기에서 생기는 괴로움에 붙인 이름 같다. 그것은 주로 혼자 있을 때 생겨난다. 그러나 혼자 있더라도 다른 누군가와 교감하고 싶은 욕구가 없으면 외로움은 일어나지 않는다. 쉽게 말해 혼자 잘 노는 사람은 혼자서도 외로움을 별로 느끼지 않는다. 그러니 결국 외로움의 핵심 원인은 교감을 나누고자 하는 욕구일 것이다.

왜 우린 혼자서는 충족되지 못하고 다른 누군가를 꼭 필요로 하는 것일까? 자신의 행복이 타인의 손에 달렸다는 것, 내가 내 맘대로 할 수 없는 외부의 어떤 것에 나의 행복이 많이 의존돼 있다는 것은 내가 느끼기론 대단히 위험하고 불만족스런 상황이다.

그리고 또 한 가지 독특한 외로움, 함께 있어도 외로운 대중 속의 외로움이 있다. 혼자라서 외로운 건 누군가를 만나면 일시적으로라도 해결되지만, 어느 누구와 만나서 얘기하고 웃고 떠들더라도 그럴수록 더 외로운 외로움이란 도대체 어떡하자는 말일까? 이건 도무지 약이 없어 보인다. 빠져나갈 길 없어 보이는 그 지독한 암흑 구덩이. 그 당혹감, 그 괴로움, 그 절망감. 그곳에 일단 빠져 본 이후엔 개똥철학자라도 되지 않을 수가 없지 싶다.

하여간 그 희한한 종류의 외로움, 대중 속의 외로움은 어느 누구도 진정으로 날 깊이 이해해줄 수 없다는 느낌으로 시작된다. 어차피 혼자일 수밖에 없다는 느낌. 어느 누구도 진정으로 나와 함께일 수 없다는 느낌. 겉으로는 함께 있더라도 뭔가가 심각하게 결여된 느낌. 그 허전함. 뭔가가 빠졌는데, 그게 나를 괴롭히는데, 그게 도대체 뭔지를 몰라서 더더욱 미치고 환장하게 하는…… 거기엔 충족되지 않는 어떤 욕구가 있다. 그 욕구는 어린아이처럼 울고 있고, 아이가 무엇을 원하는지 몰라서 우리는 주지 못하고, 그래서 아이는 갈수록 더 심하게 울어대고, 그래서 우리는 더 미쳐간다.

이 아이가 원하는 것은 대체 무엇일까? 도대체 무엇을 달라고 그렇게 보채는 것일까? 너무 쉽게 답을 내리는 게 아닐까 싶어도 내가 보기에 외로움이 요구하는 것은 명백하게 타인과의 교감이다. 그런데 그 타인과의 교감의 욕구가 일반적으로 충족될 수 있는 수준을 넘어서 버린 것이다. 충족될 수 있는 것보다 더 많은 것, 또는 더 깊은 것을 요구하고 있다. 부질없는 피상적 교류를 넘어선, 뭔가 더 본질적인 접촉, 뭔가 더 나 자신의 진정한 존재와 누군가의 진정한 존재가 만나길 원하는 그런 따위 말이다.

류시화 씨의 시집 제목처럼 '그대가 곁에 있어도 나는 그대가 그립다'는 그 이상한 갈증을 사랑에 빠진 이들은 대부분 경험해 보았을 것이다. 누군가를 사랑할 때 우리는 그와 하나가 되기를 원한다. 그리고 누군가와 하나가 되기를 원할 때, 그 하나가 되어야 할 상대방의 본질적인 무엇과 자기 자신의 본질적인 무엇을 의식적이든 무의식적이든 찾게 된다. 그러나 내가 얼마나 더 당신의 깊은 곳까지 들어가야 나는 만족할 수 있을까? 당신이 얼마나 더 나의 깊은 곳까지 들어와야 나는 만족할 수 있는 것일까? 사실, 그것은 결코 만족될 수 없다. 내가 아무리 당신의 깊숙한 곳까지 들어가도, 그리고 당신이 아무리 나의 깊숙한 곳까지 들어와도 우리는 그 안에서 우리가 원하던 것을 발견하지 못한다. 그래서 우리는 절망하는 것이다. 그러나 우리가 그것을 명확히 인식할 때 절망은 사라진다. 아이가 달라고 보채는 그것이 존재하지 않는다는 것을 아이가 이해하면 아이는 울음을 그치고 그것을 잊어버린다.

나의 본질적인 중심, 당신의 본질적인 중심 같은 것은 없다. 우리는 모두가 이런저런 수많은 요소가 모여 만들어진 존재일 뿐.

당신의 살과 뼈는 당신이 아니고, 당신의 마음 역시 당신이 아니다. 마음이란 육체에서 발생하는 생각, 감정, 지각, 기억 등등의 여러 정신 작용들이 시시각각 일어났다 꺼졌다 하는 흐름에다 이름을 붙인 것에 불과하다. 육체는 음식으로 만든 것이요, 마음은 그 육체의 작용으로 발생한 것이다. 당신에게 있는 모든 것들이 바깥에서 끌어와서 일시적으로 모인 것들에 불과하고, 왔다가 또 다음 순간엔 가 버리는 손님들에 불과하다. 그러므로 당신에게 있는 그 어느 것도 당신은 아니지만 그렇다고 그 모든 것들을 떠나서 따로 당신이 있는 것도 아니다. 이러한 사실을 이해하지 못하고 내가 당신의 본질적인 무엇을 찾아 당신 속으로 들어갈 때 나는 당신을 잃어버린다.

2

인도

2012년 3월, 한국에서 겨울 휴가를 마치고 다시 인도에 돌아왔다. 지긋지긋한 인도. 아무리 사소한 일이라도 뭐 하나 하려면 더럽게 고생시키는 나라. 모든 상식이 파괴되고 어처구니없는 일들이 당연하다는 듯이 일상적으로 일어나는 나라. 생각만 해도 징글맞고, 욕을 바가지 바가지로 해도 시원치 않은 나라 인도. 이 징글징글 맞은 인도에 나는 도대체 얼마나 더 살아야 되는지 참, 한숨이 나온다.

점심 무렵에 한국을 떠난 비행기는 밤이 되어서야 델리에 도착했다. 입국심사대를 거쳐 곧바로 짐을 찾으러 간다. 인도에서는 화물칸에 부친 짐이 사라지는 일이 잦고, 나 역시도 한 번 도둑맞은 적이 있기 때문에, 내 짐을 찾기 전까지는 항상 긴장이 된다.

컨베이어가 실어 나르는 가방들을 바라보며 한참을 초조하게 기다리다가 내 짐이 모습을 나타내면 비로소 마음이 한숨 놓인다. 그러나 아직 멀었다. 다람살라 내 집에 도착하기까지에는 많은 위험과 고난이 도사리고 있다.

짐을 찾은 나는 이제 선불 택시를 끊으러 이동한다. 공항 안에서 운영하는 선불 택시가 그래도 비교적 안전한 편이지, 무작정 공항 밖에 나가서 아무 택시나 잡아타고 갔다가는 무슨 봉변을 당할지 아무도 장담할 수가 없다. 특히 나같이 왜소하고 어수룩하게 생긴 외국인은 이런 곳에서는 벗겨 먹으려고 끈질기게 달려드는 파리 떼 같은 인도인들에게 둘러싸여 곤욕을 치러야 한다.

한 번은 선불 택시를 탔는데도 골탕을 먹은 적이 있다. 공항에서 숙소로 가는 길에 택시기사가 계속 어디가 좋다느니 하면서 다른 곳으로 데려가려고 하는 것이었다.

"아무 것도 필요 없으니까 제발 그냥 마즈뉴까띨라 가자고."

마즈뉴까띨라는 델리에 있는 티베트인 난민촌이다. 숙소가 싸고, 델리에서 비교적 안전하고, 내가 영어보다 티베트 어가 편한 데다가, 다람살라 가는 버스도 그곳에서 바로 출발하기 때문에 나는 델리에 가면 거의 항상 마즈뉴까띨라를 이용한다.

그냥 처음에 말했던 목적지로 가자고 내가 아무리 반복해서 얘기해도 택시기사는 무슨 호텔이 어떻고 어디 쇼핑이 어떻고 하면서 끊임없이 설득을 하려 든다. 나는 말하다 지쳐서 아예 대꾸를 안 하기로 했다. 그러자 이제는 언성까지 높이며 아주 협박조로 나간다. 아무래도 이런 식으로 겁을 줘서 연약한 외국 여자들 같은 경우에 종종 통했던 모양이다. 나 역시 전에도 한 번 이런 택시에 탔다가 엉뚱한 곳에 내렸던 적이 있다. 한 번 경험을 했던 나는 그냥 순순히 굴면 엉뚱한 곳에서 내려야 한다는 것을 알기 때문에 좀 강하게 나갔다.

“Shut up! what the fuck! just go where I told you. Don't say again(입 닥쳐! 씨발! 그냥 내가 말한 곳으로 가자고. 다시는 얘기하지 마!).”

내가 인상을 팍 쓰며 소리를 지르자 비로소 조용해진다. ‘휴우~’ 나는 드디어 평화가 온 줄 알았다. 그러나 그게 끝이 아니었다. 목적지에 도달하자 기사가 서비스가 어쩌고 하면서 웃돈을 요구하는 것이었다.

“이런, 씨발! 손님 괴롭힌 게 서비스야?”

한국말로 욕이 확 튀어 나온다.

“What service? Bothering passenger service?”

영어로 바꿔서 다시 그에게 말했다. 그러자 그가 뭐라 뭐라 한참 떠들어댄다. 한 백 루피 그냥 줘버리고 가려고 얼마냐고 물었더니 삼백 루피를 달란다.

“이건 선불 택시잖아. 내가 항상 이용해 봐서 잘 알거든. 당신은 추가 비용을 요구할 권리가 없어."

나는 괘씸해서 돈을 주려는 생각을 접고 그냥 차에서 내렸다. 그런데 트렁크에 실은 짐을 꺼내려 했더니 잠겨 있다. '아뿔싸!' 짐을 트렁크에 실은 게 실수였다. 그 녀석이 따라 내리더니 서비스 값을 주지 않으면 짐을 꺼내주지 않겠다고 한다. 백 루피 줄 테니까 달라고 하니 삼백 루피가 아니면 절대로 주지 않겠단다. 화가 머리끝까지 솟구쳤다. 그러나 어쩌랴. 치밀어 오르는 화를 억누르며 흥정했다.

"백오십 루피 줄게."

"안 돼. 삼백 루피 달라고."

"알았어. 이백 루피. 됐지?"

나는 이 정도면 이제 짐을 내놓을 줄 알았다. 그러나 여전히 단호하게 고개를 젓는다. 꼭 삼백 루피를 받아야겠단다. 억누르려던 화가 또 머리끝까지 치솟는다. 정말 패 버리고 싶다. 그까짓 삼백 루피가 문제가 아니다. 이 녀석 하는 짓이 너무 괘씸한 거다. 오면서 택시 안에서 내내 괴롭힘 당하느라 이미 짜증 날 대로 짜증이 나 있기도 했고. 그러나 어쩌랴? 사고 치면 나만 골치 아프다. 결국, 나는 삼백 루피를 다 주고 짐을 받았다.

우리 학교의 티베트인 강사 스님 한 분도 어느 날 수업시간에 델리에서 식겁했던 경험을 들려주셨다. 스님께서 법문 초청으로 유럽에 갔다 돌아오셨을 때의 이야기다. 델리 공항에서 숙소로 가기 위해 택시를 잡았는데, 유럽에서 선물 받아서 끌고 온 고급스러운 여행 가방을 보고서 택시 기사의 눈빛이 이상하게 변하는 느낌을 받으셨다고 한다. 불안한 마음에도 불구하고 그냥 택시를 탔는데, 잠시 후 몹시 후회가 들기 시작했다. 택시기사가 백미러로 계속 눈치를 살피며 이상한 쪽으로 차를 몰고 가는 것이었다. 스님은 수없이 다녀봐서 길과 방향을 잘 알고 계셨기 때문에 전혀 엉뚱한 곳으로 가고 있다는 것을 분명히 알 수 있었다. 택시기사가 계속 백미러로 눈치를 살피며 누군가와 전화 통화를 하는데, 마치 일당들한테 먹잇감 데려가니까 어디로 모여 있으라고 하는 것 같은 느낌이 드셨다 한다. '오늘 잘못하면 강도들한테 죽겠구나.' 하는 생각에 두려움이 엄습한다. 그때 마침 주머니에 핸드폰이 들어 있어서 스님은 지인들한테 전화를 하려고 했다. 그런데 핸드폰을 보니 신호가 안 잡힌다. 잠시 낭패감을 느끼던 스님은 할 수 없이 먹통인 핸드폰을 붙들고 누구와 통화하고 있는 척 마구 떠들기 시작했다. 그러다 잠시 후 갑자기 말이 끊긴다. 무슨 말을 할지 생각이 떠오르지 않는다. 당황한 스님 입에서 갑자기 "옴 아라 바자나 디디디디"가 튀어나온다.

이야기를 듣던 반 학생 전체가 폭소하며 뒤집어졌다.

정신을 추스르며 스님께서는 통화를 다시 이어가셨다고 한다.

"이 진언 많이 하라고 그래. 이거 문수보살 진언이거든. 이거 많이 하면 머리 좋아져. 알았지? 이거 많이 하라고 그래. 음. 어,

어. 나 지금 택시 타고 마즈뉴까떨라 가는 길이거든. 거기 XX 게스트 하우스에 예약해 놨어. XX 게스트 하우스. 어? 잘 안 들려? XX 게스트 하우스! 어, 어, 거기 말이야, XX 게스트 하우스. 내일모레 다람살라 도착할 거야. 그때 봐. 나 지금 또 통화할 사람이 있거든. 어, 굿나잇!"

스님은 자기가 어디에 있고 어디로 가고 있다는 것을 일부러 기사 들으라고 큰 소리로 여러 번 강조하셨다. 기사가 티베트 말을 모르더라도 그렇게 하면 대충 무슨 말인지 알아들을 것이었다. 스님께서 그런 식으로 여러 사람과 가짜 통화를 열심히 하고 있다 보니 택시는 어느덧 바른길로 들어서 있었다. 계속 가짜 통화를 하면서 주변을 살피다가 '드디어 살았구나.' 하고 속으로 몹시 안도하고 있던 찰나 갑자기 '따르르릉' 하고 전화벨이 울렸다. 벨 소리도 하필 음악이나 다른 효과음도 아니고 정확히 전통적인 전화벨 소리다. 당황한 스님이 얼른 눌러서 끄고 계속 말했다.

"오, 씻! 왜 하필 이럴 때 알람이 울리고 지랄이네? 미안, 어, 알람이야, 알람. 지금 유럽은 아침 시간이거든. 내가 유럽 시간으로 기상 알람 맞춰 놓은 건데, 인도 와서 아직 시간을 안 맞춰 놨더니, 하하하!"

그 시간에 유럽이 몇 시인지 운전기사가 알 턱이 없으리라 생각하고 스님은 무조건 그렇게 둘러댔다.

"잠깐, 나 숙소에 거의 다 도착했어. 이따 또 통화하자. 어, 어,

XX 게스트 하우스야. XX 게스트 하우스. 그래, 나중에 보자. 굿 나잇!"

얼른 가짜 통화를 끝내고 스님은 이번에야말로 진짜 전화를 걸어 지인과 통화를 하였고, 결국 목적지에 무사히 도착했다고 한다.

그 스님이 실제로 강도를 당할 뻔했던 것인지, 아니면 혼자 오해하고서 벌인 해프닝인지는 알 수가 없다. 그러나 어찌 됐건 이런 정도의 불안을 수시로 느끼고 살아야 한다는 것 자체가 대단히 끔찍한 상황인 거다.

요즘엔 한국의 뉴스에도 인도에서 벌어지는 사건들이 많이 다뤄져서 인도의 끔찍함이 많이 알려졌지만, 예전엔 겁도 없이 혼자서 인도를 여행하던 한국의 젊은 여성들이 인도인이 주는 수면제가 든 음식을 받아먹고서 정신을 잃어 성폭행과 도난을 당하는 일이 종종 있었다. 사실, 그 정도만 해도 다행인 게, 어떤 일본 여성은 수면제를 먹고 잠든 사이에 팔다리, 혀가 모두 잘린 채로 매춘굴에 팔렸다는 소문까지 있다. 그 여자 남편이 부인을 찾으러 인도를 수없이 들락거리며 헤집고 다니다가 몇 년이 지나서 결국 찾아냈다고 한다. 그런데 그 여자는 남편을 모르는 척하더란다. 남편은 어쩔 수 없이 눈물을 머금고 혼자서 일본으로 돌아갔다는 이야기다.

남자라고 해도 순순히 돈만 주면 별 탈 없으리라 생각한다면 그건 인도를 몰라도 너무 모르는 얘기다. 인도는 돈만 주면 곱게 살려 보내주는 그런 훈훈한 곳이 아니다. 강도들은 일단 죽이고 본다고 한다. 그게 가장 쉽고 안전하다고 생각하기 때문에. 그런데 그보다 더 무서운 것은 장기 밀매업자들이다. 사람을 납치해서 눈, 심장, 콩팥 따위를 떼어다 파는 놈들이 인도에 대단히 많다고 한다. 그놈들한테 걸리면 어떻게 될지 상상하기도 끔찍하다. 그놈들이 설마 친절하게 마취도 해 주고 자비롭게 콩팥 한 개 정도만 떼어 내고 곱게 병원에 모셔다 줄 리는 없을 것 같다.

마즈뉴까띨라에서 하룻밤을 묵고서 나는 다음 날 저녁에 다람살라행 버스를 탔다. 버스표는 한국에서 예약해 두었다. 델리에서 다람살라 가는 사람들이 많기 때문에 당일 날 버스표를 구하려면 구하지 못하는 경우가 있기 때문이다.

한 번은 버스에 탔더니 내 좌석에 다른 사람이 앉아 있었다. 표를 확인해보니 버스와 좌석이 모두 내 것과 일치했다. 이중으로 표를 판 것이다. 승무원들에게 항의하자 자기들은 모르는 일이니 버스표를 산 곳에 가서 직접 항의하란다. 버스가 곧 출발하므로 할 수 없이 내가 양보해서 기사 옆의 승무원들 자리에 끼어 앉았다.

델리에서 다람살라 가는 길은 버스로 12~14시간 정도 걸린다. 저녁때 출발해서 다음 날 아침에 도착하는데, 중간마다 한 번씩 차를 세워 식사나 대소변을 해결한다. 아침에 목적지에 도착할 때까지 푹 잠들면 그저 최고다. 하지만 버스가 워낙 후져서 앉아 있기도 불편한 자리에 걸리면 잠이 깊게 들 수가 없다. 재수 없으면 뒤틀린 자리에 안전하게 붙어 있느라 계속 온몸에 힘을 주고 있어야 할 때도 있고, 앞좌석에 앉은 사람이 의자를 완전히 뒤로 젖혀서 옴짝달싹 못 하고 내내 고문을 당해야 할 때도 있다. 버스 안에서 나는 냄새, 사람들 몸에서 나는 냄새, 달려드는 모기떼 정도는 기본 서비스다. '볼보'라는 비싼 고급 버스가 있긴 한데 한 번 타 보았다가 오히려 더 고생을 했다. 에어컨을 틀고 창은 열 수 없게 되어 있는데 멀미가 나서 죽을 뻔했다. 밤에는 추워 죽겠는데 에어컨은 왜 그렇게 세게 틀어놓던지 원…… 사람들이 추워서 얼어 죽든 말든 상관없다. 그저 최고급 버스니까 에어컨을 빵빵하게 틀어줘야 한다. 그런 게 바로 인도인들 특유의 무딘 센스다.

뭐니 뭐니 해도 내가 가장 염려하는 건 바로 대변 문제다. 한 번 화장실 갈 때 시원하게 해결하지 못하고 말썽을 겪을 때가 종종 있기 때문이다. 이날도 나는 버스에 타기 전에 장을 비운다고 화장실을 미리 한두 번 들락거렸는데도 불구하고 중간에 신호가 오기 시작했다. 휴게소에 들르길 계속 기다리고 있었는데 하필 잠이 들었다가 휴게소를 지나서야 잠이 깼다. 그러나 그다지 심하진 않아서 참을 만했다. 다음번에 설 때 해결하면 될 듯했다. 그러다 또 잠이 들었는데 깨어보니 또 휴게실을 지나친 모양이었다. 이제 정말 참기 힘들어졌다. 하지만 '좀 있으면 또 서겠지.' 하는 생각에 그냥 버텼다. 그런데 내가 아무리 고통에 몸부림치며 버스가 서기를 기다려도 버스는 도무지 설 생각을 하지 않는다. 몇 시간이 지나 새벽 네 시쯤 되었을 때 어느 마을에서 드디어 버스가 섰다. 나는 총알같이 튀어 나왔다. 그런데 화장실이 보이지 않는다. 사람들 지나다니는 길옆에서 아무렇지 않게 큰일을 보는 인도인들에게는 모든 곳이 자연 화장실이지만 말이다.

그러나 나는 아무리 급해도 사람들이 다 보는 데서 큰일을 볼 수는 없었다. 해결할 만한 곳을 찾기 위해 골목길로 들어갔다. 칠흑 같은 어둠이었다. 한 치 앞도 보이지 않는 어둠 속을 더듬거리며 한참 걸어 들어가 꺾어지는 곳을 발견해 꺾어 들어갔다. 그곳에서 그냥 일을 봤으면 될 텐데, 누가 소변보러 거기까지 올까봐 조금 더 들어가서 한 번 더 길을 꺾었다. '이제 누가 볼 일은 없겠지.' 하는 생각에 안심하고 궁둥이를 까고 앉았다. 회심의 일타를 날리기 위해 힘을 주는 순간 '빠바바바바바박!!!' 하고 폭죽 터지는 소리가 났다. 깜짝 놀랐다. 내 대변 역사상 최고의 소리였다. 그러나 아쉽게도 대변은 나오지 않았다. 놀란 가슴을 쓸어내리며 잠시 내공을 모았다가 다시 힘을 주었다. '빠바바바바바박!!!!' 이번엔 더 큰 소리가 났다. 또 깜짝 놀랐다. 그런데 이 미친놈의 대변은 아직도 나오지 않았다. '뭐야, 장난해? 빨랑 안 나와?' 하고 힘을 막 쓰고 있는데 몇 미터 뒤쪽에서 문 열리는 소리가 들렸다. '헉!' 깜짝 놀라고 있는 나에게 더 큰 시련이 닥쳐왔다. 손전등 불빛이 하나 날아와 내 궁둥이를 비쳤다. '어헉!!!' 그제야 주변이 어떻게 생겼는지 보였다. 내가 궁둥이를 까고 앉아 있는 곳은 남의 집 마당 한가운데였다. 더구나 궁둥이는 현관문을 정확히 향하고 있었다. 집주인 할아버지께서는 한참 단잠을 주무시다가 폭죽 터지는 소리에 놀라 뛰쳐나오신 모양이었다. 난 난감해서 죽을 지경이었다. 궁둥이에 손전등 불빛이 비추고 있는데 아무렇지 않게 밑을 닦고 일어날 수가 없었다. 그렇다고 계속 일을 볼 수도 없고, 이 난감한 상황을 도대체 어떻게 헤쳐 나가야 할지 몰라서 식은땀만 죽죽 흘리고 있는데 이해심도 참 깊으시지, 영감님은 잠시 지켜보다 그냥 들어가셨다. '휴우~' 나는 또 한 번 놀란 가슴을 쓸어내렸다. '빨리 끝내고 가야지.' 하는 생각에 다시 힘을 주었다. 그런데 서두른 것이 실수였다. 힘을 주자 '빠락팍팍빠다다닥!!!!' 하고 전보다 더 요란한 폭죽소리가 터졌다. '허걱!!!' 역대 최강. 하룻밤 사이에 세 번 연속 신기록 경신…… 이든, 뭣이든 영감님은 단단히 화가 나셨다. 문을 박차고 나와 또 다시 내 궁둥이에 손전등을 비추며 이번엔 "쉿! 쉿!" 하고 개 쫓는 소리까지 내신다. 이번엔 어쩔 수 없이 부랴부랴 정리를 하고 도망쳐 나오는 수밖에 없었다.

버스가 떠나기 전에 다행히 다른 곳에서 일은 해결하였다. 그런데 버스 안에서 생각해보니까 왜 그렇게 웃기던지, 나는 실성

한 사람처럼 혼자서 계속 낄낄거리고 있었다.

아침 여섯 시가 조금 넘어서 드디어 버스는 다람살라에 도착했다. 물론 아직은 안심할 수가 없다. 왜냐하면, 버스 짐칸에 넣어둔 가방이 도둑맞았을지도 모르니까. 실제로 한 번 식겁했던 적이 있다. 다람살라에 도착해 보니 내 가방이 없었다. 대신 내 것과 비슷하게 생긴 다른 가방이 하나 남았다. 누가 중간에 내리면서 실수로 바꿔치기 한 게 분명했다. 승무원들과 얘기하며 당황해하고 있는 내게 한 사람이 "저기!" 하면서 손가락을 가리켰다. 가리키는 곳을 보니 택시 한 대가 지붕에 내 가방을 짊어지고서 막 올라오고 있다. 그걸 보니 얼마나 마음이 놓이던지…… 그러나 곧바로 또 화가 치밀었다. 비가 내리고 있었는데, 내 가방은 방수가 안 되는 가방이었기 때문이다. 택시가 도착해서 보니 차 안에 기사 한 명과 뒷자리에 티베트 중 한 명 말고는 아무도 없었다. 기사 옆자리와 뒷자리가 모두 비었는데도 자기 가방 아니라고 비를 맞히고 온 걸 보니 속이 부글부글 끓는다. 그러나 나는 화를 내고 싶지 않아서 그저 가방을 찾은 것만 해도 감사한 일이라고 생각하며 얼른 자리를 떴다. 그런데 그들과 그 자리에서 서로 확인을 하지 않은 것이 실수였다. 내가 택시를 하나 잡아타고 떠나려 할 때 내 가방을 싣고 왔던 택시기사가 달려와서 붙잡는다. 가방을 실어다 줬으니 택시요금을 달라는 것이다. 승객한테 받지 왜 나한테 그러냐고 하니 자기 혼자 왔다고 한다. 길에 떨어져 있는 가방을 발견해서 자기가 싣고 왔다는 것이다. "이런, 씨발!!!" 또 화가 확 치밀어 오른다. 내가 분명히 택시 안에 티베트 중 하나를 봤고, 그가 뒤바뀐 자기 가방 찾으러 버스 쫓아서 온 게 분명하니 거짓말하지 말라고 말해도 뻔뻔하게 딱 잡아뗀다. 열불이 나는 가슴을 달래며 나는 일단 얼마를 원하는지 물어보았다. 내가 강경하게 나가니까 많이 부르면 안 줄 것 같았는지 겨우 이백 루피를 달라고 한다. 나는 그 이백 루피를 줘버리고 겨우 자리를 떴다.

그런 일이 있고 나서부터 나는 또 짐을 잃어버릴까 염려돼서, 버스가 서는 곳마다 감시를 하러 내린다. 덕분에 짐을 잃어버리지는 않겠지만 참 이 짓도 피곤한 일이다. 다른 방법을 강구하든지 해야지.

3

왜소증

난 왜소증을 안고 태어났다. 왜소증이란 성장호르몬이 부족해서 성장이 정상인들보다 느린 병이다. 심한 경우엔 평생 서너 살짜리 아이의 모습으로 살기도 한다. 난 어느 정도인가 하면 초등학교 1학년 땐 키가 96cm였고(그 기록을 보며 담임선생님이 "하하, 키가 1미터도 안 돼." 하고 웃으신 바람에 기억이 난다.) 대학교 땐 140cm가 갓 넘었고, 27살 땐 145cm였던가, 그 정도로 기억한다.

정상의 범주에서 심하게 벗어난 사람은 보통 사람들은 생각지도 못하는 일들로 고생을 한다. 왜냐하면, 모든 것들이 정상인의 기준에만 맞춰져 있으니까. 휠체어를 타고 다니는 사람에겐 길에 나 있는 요철들이 넘어갈 수 없는 장벽이 될 수 있다. 일반인들은 의식할 필요도 없이 넘어 다니지만 말이다.

왜소증의 경우에 대표적인 문제는 사이즈다. 사소하게는 옷이나 신발, 가방 따위에서부터 책상, 의자, 변기, 버스, 체육 시간의 모든 기구 등등 세상의 온갖 물건들이 다 애를 먹인다. 중고등학교 때의 교복 제작자는 언제나 나의 신체 치수를 표기 실수로 간주하였다. 그래서 그냥 그 나이 또래의 가장 작은 사이즈로 보내왔고, 다시 신체 치수를 정확히 적어서 돌려보내면 또다시 똑같은 사이즈의 교복이 돌아왔다. 결국, 그 교복을 직접 줄여서 입을 수밖에 없었고, 말도 안 되게 큰 교복을 나의 몸에 맞게 잔뜩 줄였으니, 그것은 보기 싫은 희한한 모습이 되었다. 그 희한하게 생긴 교복을 입고 다니는 것이 나는 너무 창피했다.

초등학생보다 작은 놈이 중·고등학교 교복을 입고 자기보다 큰 가방을 메고 아장아장 걸어가고 있는 꼴을 보노라면 사람들은 신기하고 귀엽고 궁금해서 구경하고 말을 걸고 쫓아오고 심지어는 붙잡고서 안 놔주는 사람들도 있었다. 그럼 난 창피하고 화가 나 죽겠다.

중학교에 등교한 첫날엔 쉬는 시간에 화장실에 가려고 나오자 수많은 녀석들이 이중 삼중으로 둘러쌌다. 신기해서 구경을 하는 것이었다. 오도 가도 못하고 구경꾼들 가운데서 구경거리가 되어 있다가 수업 종소리와 함께 풀려나 화장실도 못 간 채로 교실로 돌아왔다. 나는 그 충격으로 한동안 쉬는 시간에 나가지 못하고 내내 교실 책상에만 머물렀다. 그러자 이제 아이들은 나를 구경하러 쉬는 시간마다 몰려와서는 말 걸어 보고, 건드려 보고, 장난치고, 웃고 떠든다.

신기한 구경거리 취급을 자주 당하다 보니 나는 사람들이 쳐다보는 것이 항상 신경 쓰이고 싫었다. 나의 시선 공포증은 그래서 생겨났을 것이다. 나는 거의 정상인처럼 된 지금도 여전히 여러 사람이 쳐다보면 몸이 떨리고 눈물이 나며 심장박동이 빨라지고 얼굴이 이상해지곤 한다.

초등학교와 중학교 때 나는 줄곧 아이들의 장난감 신세였다. 짓궂은 아이들에게 시달리면서 나의 성격은 갈수록 난폭해져 갔다. 내가 광분하지 않으면 아이들이 나를 내버려 두지 않았으니까. 힘으로 이길 턱이 없으니 누가 조금만 건들면 아무거나 손에 잡히는 대로 들고서 휘두르거나 던지는 게 습관이 되었다.

나는 학교 가는 것이 너무 싫었다. 그래서 일요일 오후만 되면 항상 두려움 때문에 배가 사르르 아파왔다. 그 오묘한 느낌의 복통으로 말할 것 같으면 운동회가 압권이다. 남들 다 즐기는 운동회는 나에게는 공포였다. 운동회가 다가오면 나는 삼사일 전부터 배가 아프다. 왜냐하면, 운동회에서 수많은 구경꾼 앞에서 코미디를 연출해야 하니까. 달리기를 하면 나는 또래들과 전혀 상대가 되지 않기 때문에 남들 다 골인하고 나서 빈 운동장을 혼자서 영원처럼 달리고 있든지, 출발 신호를 하는 선생님이 성질이 급

하면 두 번째 조가 나를 추월해서 두 번째 조에 섞여 들어오든지 하였다. 한 번은 두 번째 조의 2등 다음으로 들어오자 1, 2, 3등의 손목에 도장을 찍어주던 선생님이 상황을 잘 파악하지 못하고서 내게 3등 도장을 찍어주려는 것이었다. "저 3등 아니에요." 하고 나는 도망가 버렸다.

달리기 이야기를 하면 당연히 고등학교 3학년 때의 체력장 오래달리기가 안 떠오를 수 없다. 전교생이 다 지켜보고 있는 가운데 다른 모든 아이들이 운동장 열 바퀴를 다 마치고 빠져나가 텅 빈 운동장에 나 혼자만 덩그러니 남았다. 나는 아마 반 정도 돌았을 것이다. 왜 꼭 열 바퀴를 다 채워야 된다고 생각했을까? 어차피 그 속도로는 최하점수를 벗어날 수 없으니 기권하면 될 텐데, 나도 참 더럽게 멍청했다. 전교생이 다 구경하고 있는 가운데 혼자서 운동장을 달리고 있는 나를 보다 못한 친구 녀석 하나가 뛰쳐나와 내 옆에서 함께 달렸다. 그는 힘들어서 죽을 지경인 나를 위해 달리는 거리를 줄여주고자 원 안으로 나를 자꾸 밀어 넣었다. 그러나 나는 모두가 지켜보고 있는 앞에서 뻔뻔하게 편법을 쓸 수가 없어서 계속 원 밖으로 나왔다. 영원과도 같던 그 달리기가 끝나자 전교생이 박수를 쳤다. 감동적인 장면이었던 모양이지만 나로선 그저 끔찍하게 창피하고 괴로운 시간이었을 뿐이다.

성질이 극도로 사나웠던 나는 종종 위험한 사고를 칠 때가 있었다. 그중에서도 가장 위험했던 순간은 고등학교 1학년 때다.

야간자율학습 마지막 시간에 옆자리 친구와 장난을 치다가 내 더러운 성질 때문에 싸움이 붙었다. 그가 내 멱살을 잡아 누르자 나는 주머니에서 칼을 꺼내 녀석의 손목을 그었다. 그가 깜짝 놀라 손목을 들어 바라보니 아무렇지 않았다. 내가 실수로 칼날 반대쪽으로 그었던 것이다. 그는 벌떡 일어나서 저쪽으로 가더니 빈자리의 걸상 하나를 들고 왔다. 그러더니 나의 머리를 노리고 내리치는 것이었다. 나는 팔을 들어 막으며 몸을 움츠렸고, 걸상은 다행히 정통으로 맞지 않고, 내가 앉은 걸상이나 뒤쪽 책상 어디쯤 부딪쳐 충격을 줄여준 덕분에 크게 다치지 않았던 것 같다. 녀석이 두 번째 내려치는 동안 나는 책상 밑으로 빠져나왔다. 그쯤에 아이들이 달려들어 우리를 제지하였다. 나머지 시간 동안 나는 오직 복수의 생각으로 불타오르고 있었다. 학교가 끝나 모두 몰려나갈 때 나는 그 녀석을 찾아 뒤쫓아 갔다. 칼로 눈을 찌를 작정이었다. 그런데 녀석의 오른쪽에 다른 친구가 함께 걸어가고 있었다. 나는 할 수 없이 녀석의 왼쪽으로 접근해 갔다. 녀석과 나란히 걷게 되자 나는 왼손으로 그 녀석의 눈을 향해 찔렀다. 그러나 천만다행으로 나의 서툰 왼손은 녀석의 눈이 아닌 입가를 길게 그었다. 즉시 엉겨 붙은 우리를 아이들이 몰려들어서 떼어 놓았다.

일반적으로는 칼을 사용했으니 퇴학이 마땅하지만 담임선생님이 무진장 애를 써 주셔서 퇴학은 면하고 무기정학을 받았다. 녀석은 유기정학을 받았고, 치료비와 성형수술비는 우리 집에서 모두 물어주었다. 얼굴에 흉터를 남긴 그 녀석에게 진심으로 미안하지만 그러나 그 당시엔 녀석이 미울 뿐이었다. 그보단 가뜩이나 어려운 형편에 어렵게 돈을 마련해야만 했던 부모님께 몹시 죄송한 마음을 느꼈다. 그것 때문이었는지 나는 그 이후로 급격히 성질이 죽었다. 그래도 여전히 정상인들에 비하면 불같은 성질이었지만.

중고등학교 시절에 나는 동네 초등학교 꼬마들하고 어울려 놀곤 했다. 정신 연령도 딱 초등학생 수준이었다. 육체의 성숙도와 정신의 성숙도가 비례한 면도 있겠지만, 항상 어린애 취급만 받다 보니 나 스스로 어린아이로 느낄 수밖에 없었던 면도 있었을 것이다. 그래서 나는 나보다 나이 어린 사람에게도 하대를 하기가 몹시 불편했다. 같은 반 친구 말고 잘 모르는 사람과 만나면 나이가 나와 비슷할 경우 대하기가 여간 불편한 것이 아니다. 나는 나 자신을 꼬마처럼 느끼고 상대방을 나보다 훨씬 나이 많은 어른으로 느끼는데 대등하게 대해야 하니까 말이다. 그래서 나는 나보다 나이가 많거나 아니면 아예 아주 어린 애들과 어울리는 것이 편했다.

하여간, 어느 겨울인가도 그렇게 초등학교 꼬마 친구들과 어울려 눈사람을 만들며 놀고 있었다. 그런데 한 여자아이가 자꾸 내가 만든 작은 눈사람을 발로 밟아 뭉개버렸다. 나한테 장난을 거는 것이었다. 그 여자아이는 나를 좋아하고 있었는데, 나는 그것을 모르는 척하고 있던 터였다. 내가 하지 말라고 해도 그 애가 몇 번 내 눈사람을 밟아 뭉개자 나는 화가 나서 그 애 얼굴을 주먹으로 때렸다. 나는 그 애가 울음을 터뜨릴 거로 생각했다. 그런데 뜻밖에도 그 아이는 울지는 않고 내게 "히히" 하고 웃어 보이는 것이었다. 웃으려고 하지만 잘 웃어지지 않는 어색한 모습이었다. 왜 울지 않고 웃었을까? 아마도 나를 난처하게 만들고 싶지 않았던 것이겠지. 그때 그 애가 만약 울었더라면 나는 그 일을 까맣게 잊어버렸을지도 모른다. 그런데 그 애가 내게 어색한 웃음을 지어 보인 바람에 그만, 그 장면은 내 가슴속에 깊이 각인되었다. 나는 그 아이를 때렸는데 그 아이는 오히려 나를 염려해 주었다. 이처럼 위대하고 아름다운 것, 이렇게 귀중한 것을 배반한 나의 행위는 나 자신에게 오히려 상처를 주었고, 그 장면이 떠오를 때마다 계속 나 자신을 아프게 했다.

고등학교 2학년 때였다. 반에서 꼴찌를 하는 한 녀석이 야간자율학습 시간마다 내 옆에 와서 같이 게임을 하고 놀았다. 상대방이 쓴 세 자리 숫자를 알아맞히거나 그런 종류의 두뇌 게임들이었다. 한동안 이 녀석과 그렇게 어울려 놀면서 나는 이 녀석이 친한 친구라고 생각하고 있었다. 그런데 어느 날 다른 반 녀석이 우리 반에 놀러 왔다가, 그가 나하고 같이 앉아 있는 걸 보고는 "얘하고 친해?" 하고 그에게 물었다. 나는 당연히 그렇다고 대답할 줄 알았다. 그런데 내가 바로 옆에서 듣고 있는데도 불구하고 친하지 않다고 대답하는 것이었다. 나 같은 놈하고 친하다고 대답하기가 부끄러웠던 모양이다. 나는 충격을 받고 대단히 화가 나서 그 뒤로 그 녀석이랑은 말도 하지 않았다.

어떤 사람에게는 이런 일이 별일 아닐 수 있지만, 본래 열등감이 있는 사람들은 작은 일에도 큰 상처를 받게 마련이다. '나란 인간은 누가 친구 하기조차 부끄러울 정도의 한심한 존재란 말인가?'라는 식이 되니까.

대학은 충남대학교 회계학과에 입학하였다. 대학교에 입학하자 나는 적응하기가 힘들었다. 수업이 연달아서 있는 것이 아니므로 수업 사이사이에 다른 사람들과 어울리며 시간을 보내야 하는데, 나는 누구에게 먼저 다가가지도 못했고, 그렇다고 누가 나 같이 이상한 녀석에게 먼저 다가오지도 않았다. 꼬마가 왜 대학교에 들어왔느냐고 하는 사람들만 빼면. 또 어떤 사람들은 내가 천재라서 어린 나이에 일찍 대학교에 입학한 줄로 짐작하기도 하였다.

사람들의 시선이 언제나 두렵고 부끄러웠기 때문에 이상하게 쳐다보는 수많은 사람들 사이를 혼자 돌아다니는 것도, 식당에서 혼자 밥 먹는 것도, 어디 휴게실이나 캠퍼스 한구석 같은 데서 뻘쭘하게 있는 것도 모두 힘들었다. 결국, 학교에 가는 날보다 다른 곳에서 방황하는 날이 더 많아졌다.

2학기 땐 안 되겠다고 생각해서 바둑 동아리에 가입을 했다. 그것이 나에겐 한동안의 구원이었다. 동아리에서 바둑을 두거나 관전을 하면서 자연스럽게 사람들과 친해졌고, 같이 어울려 다닐 수 있게 되었다. 여러 좋은 친구들을 사귀게 되었고, 그중의 한 명은 현재까지도 여전히 나의 가장 친한 친구이다.

바둑 동아리에 가입한 이후 나는 미친 듯이 바둑만 두었다. 아침 일찍 나와서 저녁 늦게 동아리 방을 떠났고, 상대만 있으면 무조건 바둑을 두었다. 밥 먹는 시간도 아까워서 점심을 거르기 일쑤였고, 수업은 거의 신경 쓰지도 않았다. 내 성격이 원래 한 가지에 빠지면 그것에만 미친 듯이 몰두하는 성격이기도 하지만, 바둑 동아리 이외의 장소에는 적응할 수 없었던 이유가 아마 더 컸을 것이다. 그러나 내가 두려워서 회피한 현실은 언제나 내 등 뒤에서 벌건 눈을 뜨고 나를 노려보고 있었고, 내가 현실을 잊고서 바둑에만 몰두하면 할수록 현실에 대한 두려움은 나의 마음 한구석에서 더 커졌다. 졸업은 어찌할 것이고, 취직은 어찌할 것인가? 전혀 아무런 대책이 없어 보였으므로 아예 생각하고 싶지도 않았을 것이다. 그래서 그저 눈앞의 피난처에 몰두했던 것이겠지.

그런데 2학년이 되자 친구들이 하나둘…… 군대에 가기 시작했다. 나는 키가 작아서 군대 면제다. 같은 학번 이외의 사람들과는 별로 친하지 않았기 때문에 친구들이 모두 입대해 버리자 바둑 동아리도 더는 편치 않았다. 결국, 갈 곳이 없었고, 나는 일단 휴학을 하였다.

집에서 놀면서 이번엔 독서에 미치기 시작했다. 그 당시가 마침 도서 대여점들이 한창 잘 나가던 때였고, 나도 주로 도서 대여점에서 책을 빌려다 보았다. 그 전까지는 정신 연령이 딱 내 몸처럼 어린애 같았는데, 책을 읽으면서 비로소 생각이 조금씩 성숙해지기 시작했다. 온종일 놀다 보니 당연히 생각하는 시간도 많았다.

그러나 집도 결코 편한 곳은 아니었다. 형은 직장 때문에 혼자 타지에서 지내고 있었고, 형수와 조카 둘, 부모님, 나, 이렇게 여섯 명이 방 세 칸의 좁은 아파트에서 함께 살고 있었는데, 형수가 항상 화가 나 있어서 문을 쿵쾅거리고, 그릇을 깨고, 아이들을 야단치고, 때리고, 그랬기 때문에 형수가 집에 있을 땐 마음이 항상 불안했다. 오죽했으면 나는 형수가 큰 식칼을 들고서 쫓아오는 꿈을 계속 꾸었다.

한 번은 옷가지 몇 벌을 싸 들고 집을 나가서 별로 친하지도 않은 친구 자취방에서 2주일 정도 빈대 붙어 지냈던 적이 있다. 어느 날 만화방에서 만화를 보다 밤 열두 시가 넘어서 그 녀석의 자취방으로 돌아오자 방문은 잠겨 있었고, 방문 앞에는 여자 신발이 하나 놓여 있었다. 그 길로 나는 밤길을 걸어 집으로 돌아왔다.

하루는 무슨 일로 집에서 싸움이 났다. 형과 형수가 소리를 지르며 싸우고, 아이들은 울고불고, 늙은 부모님과 나는 각자 방에서 숨죽이고 있었다. 그러다 형이 형수의 말에 격분해서 뺨을 한 대 때렸다가 이내 실수했다고 생각했는지, 형수가 맞받아서 때리는 싸대기를 그대로 계속 맞아주고 있었다. 형수는 형의 싸대기를 사납게 때려대다가 그래도 분이 안 풀리는지, 부모님의 방으로 씩씩거리며 들어갔다. 나는 걱정이 되어 내 방에서 나와 부모님 방으로 따라 들어갔다. 형수는 시부모에게 삿대질해가며 "당신들 때문에 내가 이 고통을 받고 사는 거야." 하면서 온갖 성질을 부리고 있었다. 연로하고 심약하신 우리 부모님은 두 분 다 그저 어떻게든 형수의 화를 가라앉히고자 전전긍긍할 뿐이었고, 나 역시 그저 옆에서 지켜볼 뿐 어찌할 방법이 없었다. 잠시 후 형이 들어와서 형수를 데리고 나갔고, 계속 싸움이 이어졌다. 부모님들은 놀라서 우황청심환을 꺼내 드셨다.

그런 일이 있고, 그 이야기를 전해들은 누나들이 몰래 부모님과 내가 따로 이사 갈 집을 물색하기 시작했다. 왜냐하면, 형이 결코 분가를 허락하지 않을 것이기 때문이었다. 형이 처음에 부모님과 합쳐 살겠다고 했을 때도 형수의 성질을 아는 부모님과 누나들을 비롯한 모든 사람이 반대를 했지만 형이 고집을 피워서 합쳤던 터였다. 마침 그린벨트에 묶여 있는 땅에 정부가 뭘 설치한다고 해서 돈이 좀 생기고, 누나들이 조금씩 돈을 더 보태서

변두리의 24평짜리 아파트를 하나 샀다. 그리고 어느 날 형수가 출근해 있는 사이 부모님과 나 세 명은 짐을 챙겨 몰래 이사를 하였다.

나는 1년을 놀고 나서 복학을 하였다가 2학년 2학기를 마치고 학교를 자퇴하였다. 학교에 도저히 적응을 할 수 없었기 때문이다. 그러고 나서 바둑 학원에 강사로 취직을 하였는데, 원장이 도박을 하다 전 재산을 다 날리는 바람에 나도 두 달 만에 잘렸다. 공무원 시험을 볼까 싶어 공무원 고시 학원에도 좀 다녀보고, 속기사를 해 볼까 싶어 속기 학원에도 좀 다녀봤지만, 어느 것도 손에 잡히지 않았다. 삶의 욕구가 거의 상실돼 가고 있었던 것 같다. 죽음은 이미 오래전부터 마음 한구석에 언제나 도사리고 있었다. 더 버틸 수 없다고 생각한 나는 어느 날 자살을 결심했다. 그 당시 이런 시를 썼던 것으로 기억한다.

죽음이여,
이제는 눈물도 없이 그대를 떠올리고
두려움도 없이 그대를 부른다.
먹먹함도 없는 이 가슴에 이제 그만
그대를 안도록 허락하라.

부모님이 모두 집을 비운 틈을 타서 나는 계획을 실행에 옮기기 시작했다. 욕실 욕조에 따뜻한 물을 채웠다. 손목을 긋고 나서 따뜻한 물에 담그면 피가 잘 빠져서 쉽게 죽을 수 있다는 말을 언젠가 들었기 때문이다. 물이 다 차자 옷 입은 채로 들어가 누웠다. 내 흉한 몸을 다른 사람에게 보여주고 싶지 않았다. 오른손으로 커터 칼을 쥐고서 왼쪽 손목에 대었다.

'이제 다 끝났다. 모든 고통이, 모든 두려움이, 모든 슬픔이. 한 번만 힘을 주고 나면 모든 것이 끝나리라.'

그런데 도저히 손목을 그을 수가 없었다. 죽음은 두렵지 않다고 생각했는데, 왜 그리 칼을 쥔 손이 떨리고 힘을 줄 수가 없는지 모를 일이었다. 나는 잠시 쉬었다가 다시 하기로 하였다.

'서두를 필요 없지. 언제든 죽을 수 있잖아?'

따뜻한 물속에 편안히 몸을 기대고서 눈을 감았다.

4

출가

허무감 중에서 가장 지독한 것은 자기 자신의 존재에 대한 허무와 삶에 대한 허무감이다. 왜냐하면, 자기 자신과 삶이 바로 우리가 가장 소중하게 여기는 것이기 때문이다.

죽음과 거의 얼굴을 마주 보고 있던 그때, 나는 문득 이 두 가지 허무와 마주쳤다. 나는 그제야 '나'라는 존재가 아무것도 아님을 깨달았다. 나 까짓것이 죽든지 말든지 세상은 상관하지 않는다. 세상은 내가 없어져도 아무 일 없는 듯이 똑같이 돌아가고 있을 것이다. 세상은 눈곱만큼도 손해 보지 않고, 코딱지만큼도 애석해하지 않는다. 온 우주를 다 합치더라도 그보다 더 소중한 줄 알았던 '나'는, 이제 보니 세상 전부도 아니었고, 세상에서 중요한 존재도 아니었고, 눈곱이나 코딱지만 한 존재조차 아니었고,

아예 아무것도 아니었다. 여기에 기대치와 현실 간의 격차는 엄청나다. 그러므로 그 엄청난 격차만큼의 허무감은 피할 수 없는 대가다.

삶 역시 죽음 앞에서는 그 자신의 왜소한 가치를 명백히 폭로당했다. 죽고 나면 모두 사라져 버릴 것이니까. 그러므로 삶의 그 어떤 것도 죽음 앞에서는 의미가 없어 보였다.

괴로움도 슬픔도 걱정도 두려움도 모두 죽음이라는 바람 앞에서 깃털처럼 가볍게 날아가 버렸다. 순간, 나의 마음은 편안해졌다. 죽음 앞에서 삶은 아무것도 아니라는 사실, 그리고 어차피 누구나 언젠가는 반드시 죽는다는 사실, 이것이 나에게 삶을 견뎌낼 수 있는 용기를 다시 주었다. 그렇게 해서 나는 죽음을 잠시 뒤로 미뤄 두었다. 그런데 이제 전혀 새로운 괴로움이 생겨났다. '존재와 삶의 허무'라는.

무언가가 괴로우면 그 괴로움을 해결하기 위해 노력하지 않을 수 없다. 그것이 바로 나의 구도인생의 시작이었다.

나는 존재와 삶의 의미를 찾기 위해서 정신세계 쪽의 책들을 탐독하기 시작했다. 그러다 결국 불교의 책들을 만나면서 정신적 방황은 어느 정도 정리가 되었고, 그중에서도 출가를 결심하게 만든 결정적인 책은 월폴라 라훌라 스님이 쓴 『붓다의 가르침』이란 책이다(『붓다의 가르침과 팔정도』라는 제목으로 출판되기도 하였다).

그 무렵에 나는 국비로 지원해 주는 자동차 정비 교육을 받고 있었다. 그 작고 약한 몸으로 자동차 정비 일을 할 수 있을 리도 없고, 자격증을 딴들 어느 정비소에서 받아줄 리도 없을 텐데, 하여튼 그때는 그렇게도 어리석었다. 그저 자살 시도 후에 다시 한 번 용기 내서 살아보자고 하다가 눈에 띈 것이 그거였다.

자동차 정비 이론 시험에 합격하고 나서 실기를 배우던 중에 출가를 결심하였지만, 그 전까지 여러 가지를 계속 중도에 포기하였으므로, 출가라는 중대한 일을 실행하기 전에 이 못된 습관을 끊고 싶었다. 그래서 반드시 교육을 끝까지 다 마치고 나서 출가하기로 마음먹었다.

드디어 교육을 마치고 국가기술자격 시험에 합격하여 자동차 정비 2급 자격증을 따고 돌아오던 날 나는 이제 부모님께 출가를 말씀드리고 떠날 생각에 부풀어 있었다. 그런데 집에 돌아오자 부모님이 계시지 않았다. 전화가 와서 받아 보니 병원으로 오란다. 병원에 가서 누이에게 자초지종을 들었다. 아버지가 갑자기 쓰러지셔서 병원에 모시고 와 검사를 받아 보니 간암 말기라는 것이었다. 회복은 불가능하고 길어야 두 달 정도 사실 거라고 했다.

병원의 퇴원 권유로 아버지를 집으로 모시고 왔다. 아버지에겐 병에 대해 비밀로 하였지만 돌아가실 것을 이미 알고 계신 눈치였다. 늙은 어머니에게 혼자 아버지 병간호를 맡기고 떠날 수가 없어서 나는 다시 아버지가 돌아가실 때까지 출가를 미루기로 했다.

얼마 후부터 아버지는 아무것도 드시지 못하고 힘이 없어 누워만 계셨다. 내가 옆에 앉아 있다가 화장실에 가고 싶다 하시면 부축해서 화장실에 모시고 가고, 목이 마르다시면 물을 떠다 먹여 드리고 하였다. 화장실에 갈 때 빼고는 어머니가 옆을 지키면 될 텐데, 희한하게도 아버지는 계속 나만 옆에 앉혀 두려 하셨다. 나 같이 못난 자식을 두고 떠나려니 걱정이 되셨기 때문인지, 아니면 다른 어떤 이유에서였는지, 알 수가 없다.

그 전까지 아버지와 나는 관계가 항상 서먹서먹했다. 아버지나 나나 똑같이 내성적이고, 더군다나 고집 세고 반항적인 나는 단 한 번도 아버지에게 살갑게 군 적이 없었다.

아버지에 대한 첫 기억은 내가 대여섯 살쯤 되었을 때였던 것 같다. 어느 날 모르는 사람이 갑자기 집에 와서는 내 아버지란다. 아버지가 나를 무릎에 앉혔는데, 나는 너무 어색해서 어찌할 줄을 몰랐다. 그날부터 아버지는 우리와 함께 살기 시작했다. 오신 지 며칠쯤 지난 어느 날 아버지가 나를 부르더니 누런 소변이 가득한 요강을 화장실에 가서 비우라고 했다. 나는 한 번도 안 해 본 일이라 어찌해야 할지도 몰랐고, 냄새도 지독하고, 왠지 너무 무서워서 받아들 수가 없었다. 내가 계속 말을 안 듣고 거부하자 아버지가 화를 내며 엉덩이를 때리셨다. 내가 울자 어머니가 달려와서 말리셨다.

막내 누이는 아버지와 대단히 친근했다. 어릴 때부터 아버지에게 애교를 많이 부렸고, 아버지도 그런 누이를 대단히 예뻐하셨다. 누이와 내가 싸우면 아버지는 꼭 누이 편을 들곤 했다. 누이는 아버지가 몸져눕자 대단히 상심한 모습을 보였다. 휴일에 아버지를 보러 오면 참지 못하고서 "죽지 마, 아빠! 왜 죽으려고 그래? 죽지 말란 말이야, 아빠, 제발 죽지 마!" 하면서 서럽게 울곤 하는 것이었다.

불편한 얘기지만 솔직히 말해 나는 그저 아버지가 빨리 돌아가시기만을 바랐다. 빨리 떠나고 싶어서. 사랑받았던 사람은 슬퍼지고 사랑받지 못했던 사람은 슬프지 않다. 어찌 보면 공평한 셈이지.

아버지 역시 누이 때문에 많이 슬퍼하셨다. 누이는 고등학교를 졸업하는 즉시 사귀던 남자와 나가서 혼인신고만 하고 살림을 차렸다. 그런데 얼마 후엔 그놈이 술집 여자와 바람이 났다. 이혼해 달라는 그놈의 요구를 누이가 들어주지 않자 그놈은 누이를 매일같이 폭행하기 시작했다. 누이가 머리채를 잡혀 끌려 다니고 밟히고 두들겨 맞는 와중에 마침 아버지가 그 집에 찾아오셨다고 한다. 그 시절에 아버지는 술을 마시고 집에 들어와서는 이불을 뒤집어쓰고 우시곤 하셨는데, 나는 그런 한심한 꼴이 그저 보기 싫었을 뿐 영문도 몰랐고 알고 싶지도 않았었다.

나는 그 당시까지는 눈물이 별로 없었다. 언제나 슬픔에 대해서는 지독한 거부감을 가지고 있었다. 누이가 슬픈 영화 같은 걸 보면서 눈물을 짜고 있기라도 하면 “왜 그딴 걸 보면서 질질 짜고 지랄이야?” 하면서 화를 낼 정도였다. 아마도 슬픔으로부터 나 자신을 보호하려는 방어기제였을 것이다.

그러나 한 번 눈물을 쏟고 나자 그때부턴 봇물 터진 듯 눈물이 넘치기 시작했다. 『나의 라임 오렌지 나무』를 읽은 것이 실수였다. 나는 주인공 제제와 쉽게 동화될 수밖에 없었으니까. 그 책을 읽으면서 사람의 눈에서 물이 그렇게 많이 나올 수 있다는 것을 처음 알았다. 그 뒤부턴 툭하면 울었다. 낙엽이 떨어져도 울고, 아기가 해맑게 웃어도 울고, 어여쁜 처녀가 방귀를 뀌어도 울었다. 시도 때도 없이 밀려오는 슬픔의 감정은 사회생활하기엔 골치 아프다. 다 큰 어른이 아무것도 아닌 일에 울먹울먹하고 있으면 참 꼴불견이 아닌가. 부끄럽지만 나는 나이 마흔이 넘은 지금까지도 이 현상 때문에 애를 먹고 있다.

하여튼 나중에 알고 보니 아버지가 그 당시에 그렇게 이불을 뒤집어쓰고 울었던 건 바로 누이 때문이었다. 애지중지하던 딸이 그렇게 처참하게 두들겨 맞는 꼴을 보았으니 얼마나 가슴이 찢어졌을까. 그게 다 못난 아비 때문이라며 자신을 얼마나 책망했을까.

죽음을 앞둔 어느 날 아버지는 나와 막내 누이의 친어머니에 대한 이야기를 들려주셨다. 아버지는 일 때문에 외지에서 지내는 동안 우리의 친어머니를 만나 사귀었다고 한다. 그러다 안 되겠다 싶어서 헤어지려고 하셨는데, 우리의 친어머니가 자살 소동을 벌였다. 그러자 그녀의 지인이 아버지에게 달려와서 사람 좀 살려달라고 애원하였고, 결국 아버지가 마음을 돌려 동거가 시작되었다. 그 밖의 이야기들은 이미 알고 있는 내용이었다. 한동안 동거하다가 내가 세 살 되던 해에 이별하고 나와 막내 누이를 본처에게 데리고 왔다는.

나를 임신하고 있던 기간 중에 나의 친어머니가 번민이 많아서 술과 담배를 많이 했다는 이야기는 아버지는 하지 않으셨지만 오래전에 다른 사람에게서 들었다. 내가 태어날 때부터 어린 시절 내내 심하게 앓았던 것은 바로 그래서였겠지.

친어머니는 내가 초등학교 2학년 겨울방학 때 우리를 보러 찾아왔다. 그때까지 누이와 나는 길러 주신 어머니가 친어머니인 줄 알고 있었다. 우리는 친어머니를 따라가서 방학 동안 함께 지내었고, 그 뒤로 매번 방학 때마다 친어머니와 함께 지내곤 하였다. 친어머니를 마지막으로 본 것은 아마 6학년 여름방학이었던 것 같다. 그때 친어머니는 다른 남자를 사귀고 있었다. 그 남자에게도 아들과 딸이 하나씩 있어서 모두 함께 만나 시간을 보내곤 하였다. 그해 방학이 끝나 헤어진 후로는 완전히 연락이 끊겼고, 아마도 그 남자와 결혼을 해서 이제 우리를 찾지 않는 모양이라고 생각했다.

돌아가실 때가 되자 아버지는 우리의 친어머니가 갑자기 그리워지셨던 모양이다. 막내 누이가 아버지를 보러 오면 아버지는 "너희 엄마는 왜 안 오냐?" 하고 자꾸 말씀하셨다. 어쩌면 죽기 전에 보고 싶으니 찾아서 데리고 오라는 뜻이었을 텐데, 누이나 나나 어찌 된 일인지, 그러고 싶은 생각이 전혀 들지 않았다.

두 달을 못 넘길 거라던 아버지는 여섯 달 만에야 돌아가셨다. 그동안 겉보기엔 별다른 고통이 없어 보였다. 그저 조용히 누워 TV를 보다가 잠이 들 뿐이었다.

돌아가시기 직전에 아버지는 숨을 몇 번 이상하게 몰아 쉬셨다. 그땐 몰랐지만 그게 바로 죽음의 신호였다. 아버지 옆에 앉아 재미도 없는 TV를 멍하니 바라보고 있던 내가 아버지 얼굴로 시선을 돌리자 아버지 눈동자가 노랗게 떠 있어서 비로소 돌아가신 줄을 알아차렸다.

아버지의 49재를 지내는 동안 나는 그 절의 주지 스님과 상의해서 출가할 곳을 소개받았다. 태백산 각화사였다.

이제 와서 돌아보건대, 아버지와 내가 한꺼번에 떠나고 나서 갑자기 혼자 남아 빈집을 지키던 그 세월 동안 늙은 어머니는 얼마나 허탈하고 외롭고 서글픈 나날을 보내셨을까. 그러나 그 당시 나에겐, 어느 것을 돌아볼 여유도, 다른 선택의 여지도 없었다.

5

태백산 각화사

1999년 4월, 각화사에 처음 도착했을 때는 시간이 늦어 어두웠다. 맨 앞 건물의 한 방문을 두드리자 젊은 여자가 얼굴을 내밀었다. 출가하러 왔다고 하자 그 여자가 잠시 기다려보라며 누군가를 부르러 갔다. 잠시 후 한 노보살님이 나와서 나를 보더니 시간이 늦었으니 일단 자고 나서 아침에 주지 스님을 만나보라고 했다. 다음날 안내를 받아 주지 스님 방에 찾아가 인사하고 출가하러 왔다고 하자 주지 스님께서는 후원 일도 돕고 사원 청소도 좀 하면서 일단 며칠 있어 보라고 하셨다.

후원에는 첫날 본 노보살님 한 명, 50대 후반쯤 돼 보이는 억센 공양주 보살 한 명, 50대 중반쯤 돼 보이는 처사 한 명, 첫날 본 젊은 여자, 그리고 그 여자의 여섯 살짜리 딸이 있었다. 처사와 아이 엄마 모두 절에 온 지 얼마 안 됐다고 하였고, 아이 엄마는 기도를 하러 와 있다고 하였다. 스님들은 주지 스님을 비롯해 대여섯 명이 있으셨고, 절 주위 동서남북으로 암자가 하나씩 딸려 있었다. 그 중의 북암에 계시던 스님은 성격이 활달하여 내게 이것, 저것 많이 가르쳐 주시며 친절히 대해주셨다. 하루는 그 스님이 멋진 걸 보여주겠다며 북암에 함께 가보자 했다. 얼마를 걸어 올라가 북암의 널찍한 앞마당에 도착하였다. 마당에는 벚나무에서 떨어진 연분홍 꽃잎들로 어지럽게 수가 놓여 있다. 멋진 걸 보여주겠다던 게 바로 이것인 모양이었다. 가만히 서서 바라보고 있자니 어디선가 나비 두 마리가 날아와 술래잡기하듯 서로 쫓고 쫓기며 주위를 맴돈다. 나비들이 무척 행복해 보였다.

'아무 걱정 없이 저렇게 천진난만하게 놀고 있구나. 이 아름다운 곳에 저 행복한 나비들. 내 삶은 이토록 추하고 불행하기만 한데…….'

갑자기 눈물이 주르륵 흘러내렸다.

"어이, 박 행자! 사내대장부가 그렇게 감상이 많아서 쓰겠어?"

북암 스님이 놀리듯 소리친다.

"이리 와, 박 행자. 들어가서 차나 한잔 하자고."

방에 들어가 스님이 끓여 주는 차를 마셨다. 끓인 물로 찻잔을 헹구고, 찻잎을 다기에 담아 끓는 물을 부어 우리고, 우린 물을 얼마 후 사발에 붓고, 사발의 차를 또 각자의 찻잔에 담아 마시는 그런 식의 전통차를 마셔 본 건 그때가 처음이었다. 왠지 멋있어 보였다. 그중에서도 가장 멋있어 보인 건 차를 다 마시고 나서 정리할 때의 모습이었다. 다기에 끓는 물을 부어 찻잎을 사발에 다 쏟아내고, 마시던 찻잔을 찻잎 찌꺼기와 뜨거운 물이 담긴 사발에 넣어 이리저리 돌리며 씻은 다음 제자리에 두고, 물과 찻잎 찌꺼기는 또 퇴수그릇에 담고, 그런 모습들이 무척이나 아름다워 보였다. 내가 나중에 인도에서 우리 반의 캐나다 스님과 다른 한국 스님과 함께 셋이서 한국 전통식 차를 마시며 담소를 나눌 때, 찻잔을 씻고 정리하는 그런 순간이 차를 마시는 과정 중에서 가장 아름다운 순간이라고 말한 적이 있다. 그런데 그 캐나다 스님이 나중에 다른 한국 스님보고 그게 도대체 왜 아름답다는 것인지 이해가 안 된다고 하더란다. 그 얘기를 듣고 보니 나도 그게 왜 아름다운지는 모르겠다. 뭐, 본래가 아름다움이란 건 각자의 감상에 따른 것일 테니까.

언젠가 누가 '번뇌가 없으면 모든 것이 아름답다.'라고 말하는 걸 들었을 때 이런 생각을 한 적이 있다.

'아름다움을 느낀다는 자체가 번뇌가 있다는 증거가 아닐까? 번뇌가 없다면 아름다울 것도 추할 것도 없이 그저 모든 것이 밋밋해 보이겠지. 아니, 밋밋하다는 것 역시 마찬가지로 번뇌 있는 자만의 감상이겠구나.'

각화사에 온 지 일주일쯤 지나 주지 스님의 지시로 머리를 밀고 붉은 행자복으로 갈아입었다. 아침마다 도감 스님 방에서 초발심자경문도 배우기 시작했다. 부처님 오신 날에 쓰기 위해 후원에서는 연등을 만들기 시작했다. 노보살님, 공양주, 아이 엄마, 나, 이렇게 넷이서 온종일 연등을 만들고 또 만들었다. 나는 연등 만드는 일이 재미있었다. 본래부터 나는 단순작업을 좋아한다. 아마도 많은 신경을 쓰지 않아도 되고 다른 걱정거리들도 그동안 접어둘 수 있으니까 마음이 편안해지기 때문일 것이다. 어쨌든 나는 단순작업에 지루함 따위는 별로 느끼지 않았다. 더군다나 그렇게 예쁜 것을 만드는 일이라면.

연등을 만들면서 아이 엄마와 나는 급격히 친해졌다. 같이 둘러앉아 수다를 떨면서 아이 엄마는 내가 들려주는 이야기마다 너무나도 재미있어 하는 것이었다. 아이 엄마가 워낙 이야기를 흥미 있게 들어주니까 나는 신이 나서 꽤 많이 떠벌렸던 것 같다. 무슨 이야기들을 그렇게 많이 늘어놓았는지 지금은 별로 기억나는 게 없는데, 워낙 내가 보통사람들이 겪어보지 못할 희한한 일들을 겪으며 살아왔고, 또 한동안은 집에 폐인처럼 틀어박혀서 책을 그렇게 읽어 재꼈으니 할 이야기야 얼마든지 무궁무진했을 것이다.

처사는 공양주와 앙숙이었는데, 언제부턴가 공양주는 처사가 자기를 범하려고 한다면서 밤마다 후원 문을 앞뒤로 꼭꼭 닫아놓았다. 어느 누가 자기처럼 험악하게 생긴 늙은 여자를 감히 범

할 수 있다는 것인지 나는 도저히 상상이 가지 않았지만, 어쨌든 자기 방문만 걸어 잠그면 되지, 왜 후원 문을 그렇게 닫아 놓는지 나는 불만이었다. 왜냐하면, 나는 새벽 예불 전에 후원에서 물을 떠다가 부처님께 청수를 올려야 하기 때문이다. 하루는 공양주가 깊이 잠이 들어서 한참을 불러도 문을 열어 주지 않아 애를 먹었던 적이 있다. 짜증이 난 나는 결국 그 문제를 가지고 공양주에게 따지고 들었다. 노보살님의 추측으로는 처사가 밤마다 후원에서 밤참을 해먹는 것이 아니꼬워서 그러는 것이라고 하지만, 하여튼 공양주로부터 이해가 될 만한 아무런 대답도 듣지 못하고 도저히 대화가 통하지 않자 나는 자리를 뜨면서 마지막으로 한마디 하였다.

"내일도 문 잠겨 있으면 가만 안 있습니다."

그러자 공양주가 코웃음을 치며 대꾸했다.

"하이고, 참 내, 내가 그런다고 자기 말 들을 줄 아는 갑네."

공양주는 귀가 많이 어두웠다. 반면에 본인 목소리는 쩌렁쩌렁하게 몹시 시끄러웠다. 사람들은 공양주가 귀가 먹어서 자기 목소리가 들리도록 말하다 보니 그렇게 크게 말하는 것인지, 아니면 본래 목소리가 너무 커서 그 때문에 귀가 먹은 것인지, 장난스럽게 논쟁을 하기도 하였다. 공양주는 어떻게 보면 만화에 나오는 인물처럼 좀 코믹한 데가 있다. 야쿠르트를 마실 때는 반드시 다섯 개를 한 사발에 부어서 벌컥벌컥 들이키는데, 마치 '내가 가

오가 있지, 어떻게 이런 쪼매난 걸 입에 대고 홀짝홀짝 마실 수가 있겠나.' 하는 것 같다. 또 밥을 하고 나면 갓 뚜껑을 연 압력밥솥의 그 뜨거운 밥을 멀쩡한 주걱 옆에 놔두고서 꼭 맨손으로 만지곤 한다. 마치 자기가 얼마나 무서운 사람인지 보여주려는 듯이.

공양주는 모든 것을 언제나 자기 뜻대로만 하려 했고, 누가 뭔가를 자기 마음에 안 들게 하면 꼭 버럭버럭 소리를 질러댔다.

하루는 내가 지대방을 청소하는 중에 공양주가 "행자니임!" 하고 쩌렁쩌렁한 목소리로 나를 불렀다. 뒤쪽 장독대에서 뭔가를 하다가 혼자서는 하기 힘들어 도와달라고 부르는 모양이었다. 나는 그때 무슨 일로 공양주에게 화가 나 있었기 때문에 불러도 무시하고 계속 청소만 하고 있었다. 공양주는 절이 다 떠나가도록 "행자니임! 행자니임!" 하고 계속 불러댔다. 나는 몇 번 부르다 대답이 없으면 그냥 포기할 줄 알았는데 맙소사, 스무 번이고 서른 번이고 끝도 없이 불러댄다. 그 무서운 집념. 정말 놀라 버렸다. 밴댕이 소갈머리 같은 나로서는 삐쳐있던 터에 도저히 도와주러 가기는 싫고, 그냥 있으면 온 절의 스님들이 다 귀가 따가울 것 같아 내가 일단 좀 도망가 있어야겠다고 생각해서 뒷산으로 올라갔다. 산에 올라가는 내 뒤통수로 "서로 고생하는 처지에 힘든 일 있으면 서로 좀 돕고 그래야지, 사람이……." 어쩌고 하면서 불평하는 소리가 쩌렁쩌렁 울려 퍼졌다.

공양주가 겉으로는 사나워도 속으로는 악의가 별로 없는 사람인 것 같긴 했다. 이제 와서 이렇게 멀리서 바라보면 귀엽게 느껴지기도 하지만, 그러나 막상 옆에 가까이서 같이 지내기는 절대로 힘든 사람이다. '인생은 가까이서 보면 비극이고 멀리서 보면 코미디'라는 쇼펜하우어의 말은 언제나 참 기가 막힌 명언이라는 생각이 든다.

부처님 오신 날 행사를 치르고 나자 절이 좀 한가해졌다. 아이 엄마와 나는 한가한 시간을 틈타 북암에도 같이 놀러 가고, 동암에도, 서암에도 같이 놀러 가곤 했다. 남암에는 노스님이 사람들이 못 오게 길을 막아두고 용맹정진을 하고 계셔서 아무도 올라가지 못하고 나만 간혹 심부름하러 들르곤 하였다. 나를 보시면 남암의 노스님은 "조금만 고생하면 나중에 편안해진다." 하시며, 힘들어도 조금만 더 참고 견디라고 용기를 북돋워 주시곤 하셨다. 각화사 주변 암자에 놀러 가면 암자 스님이 끓여주는 차를 마시며 문답이 이루어지곤 하였는데, 그럴 때면 아이 엄마는 옆에서 귀를 쫑긋 세우고 열심히 듣곤 하였다. 하루는 암자에 갔다 내려오는 길에 아이 엄마가 이렇게 말하며 스스로 대견해 한다.

"아까 행자님과 스님께서 문답하시는 내용이 전부 다 이해가 되는 거여요. 얼마나 신기하던지 참……."

그러던 어느 날 아이 엄마의 남편이 절에 찾아왔다. 아이 엄마와 나의 방은 얇은 벽을 사이에 두고 붙어 있었기 때문에 옆방에서 하는 소리가 전부 또렷이 들려왔다. 그 남자는 집에 돌아가자고 계속 조르고, 아이 엄마는 완강히 거부하고 있었다. 그러다 남자가 화를 내며 아이 엄마를 벽에 쿵쿵 소리 나게 밀어붙이기 시작한다.

"도대체 왜 그러는 거야, 응? 넌 나를 사랑하지 않아?"

'저 지랄을 하면서 무슨 사랑을 한다고…….'

남자가 폭력을 쓰기 시작하자 나는 걱정이 돼서 방을 나왔다. 그쪽 방문을 노크도 없이 열어젖히고 남자에게 말했다.

"말로 하시지 왜 그래요? 그리고 지금 스님들 다 주무실 시간인데, 소리가 너무 커요."

그는 짜증스런 얼굴로 알았으니 그만 가달라고 한다. 방으로 돌아오자 다시 옆방에서 승강이가 시작되었다. 또다시 남자는 거칠어졌고, 그러다 아이 엄마가 이렇게 울부짖는 소리가 들려왔다.

"내가 거길 어떻게 가! 내 새끼 내가 죽인 곳엘 어떻게 가냐고!"

나는 이게 대체 무슨 소린가 싶어 좀 충격을 받았다. 나중에 들어 보니, 부부 싸움을 하다 남편이 밀어붙여서 뒤에 누워 있던 갓난아기가 그만 밟혀 죽었다는 사연이었다.

아이 엄마는 남편의 강요에 못 이겨 다음날 절을 떠났다. 내가 동암에 심부름을 갔다 내려오는데 각화사 앞마당에서 차가 한 대 막 떠나고 있었다. 불안한 마음에 차 안에 누가 있는지 확인하고 싶어서 멀리서 뚫어지게 바라봐도 차창 안은 전혀 보이지 않았다. 내 마음을 알았을까, 뒤쪽 창이 스르륵 내리며 얼굴을 내민 건 바로 아이 엄마였다. 눈물을 흘리며 작별인사로 손을 흔든다. 그 모습을 보는 순간 내 가슴에는 구멍이 하나 크게 뻥 뚫렸다. 그리고 그 구멍 사이로 찬바람이 휑 휑 거리며 마구 지나다녔고, 나는 동상처럼 굳어져서 그저 떠나가는 차만 하염없이 바라보고 있었다.

힘든 시기에 마음이 잘 통하는 사람이 옆에 있다 보니 나도 모르게 그 사람에 대한 집착이 생겼었던 모양이다. 상심이 꽤나 컸던 거로 기억된다.

각화사를 떠날 수밖에 없었던 결정적인 사건은 그 일이 있었던 얼마쯤 후에 일어났다. 도감 스님으로부터 초발심자경문을 강의 받던 도중 문답이 오갔는데, 그러다 그만 논쟁이 돼 버렸다. 도감 스님은 몹시 화가 나셨고, 그 뒤로 강의도 중단되고 완전히 관계가 불편해졌다. 가뜩이나 공양주한테 신물이 나 있던 터에 도감 스님과도 관계가 그렇게 되자 더는 지내기가 불편했다.

6월의 어느 날이었다. 새벽예불을 마치고 내려온 나는 전날 꾸려둔 가방을 짊어지고 아무도 모르게 산을 내려왔다. 짐이라고 해봤자 옷가지 몇 벌과 책 몇 권, 세면도구가 전부였다. 행자복은 행자실에 벗어 고이 접어 두고 처음 입고 왔던 일반 옷으로 갈아입었다. 깜깜한 새벽에 차도 안 다니고 인가도 없는 황량한 도로 한쪽 옆을 걷고 또 걸었다. 버스터미널까지 걸어갈 생각이었다. 가진 것도, 돌아갈 곳도, 희망도, 아무것도 없었다. 분명 두려움과 불안 속에 있었을 테지만, 언제나 친구처럼 곁을 지키는 죽음이 있어서 두렵지 않다고 혼자 생각했다.

'어차피 죽을 텐데 아무 때나 죽으면 그만이지, 뭐가 걱정이야. 세상에 안 죽는 놈 있나?'

내가 걷고 있던 그 길은 앞이 보이지 않는 깜깜한 어둠이었다.

6

팔공산 동화사

각화사를 떠나 찾아간 곳은 대구였다. 언젠가 누가 대구 팔공산에 좋은 절이 있다고 했던 말이 떠올랐기 때문이다.

동대구역에 내려서 절을 찾기 위해 서점에 들어갔다. 여행 책을 찾아서 보니 파계사와 동화사가 소개되어 있었다. 버스 타는 곳에 가 보니 역시 파계사와 동화사가 표지판에 쓰여 있다. 둘 중에 먼저 오는 버스를 타기로 하였다. 잠시 후 동화사행 버스가 도착했고, 그렇게 해서 나는 동화사에 가게 되었다. 동화사에 도착하여 원주 스님과 면담하였다. 그는 내가 출가하고 싶다고 하니 견디기 어려울 것이라며 돌아가라 한다. 그러나 나는 돌아갈 곳이 없었다. 내가 떠나온 세상에서 나는 살아갈 수가 없었다. 그러니 사실 내가 세상을 버린 것이 아니라 세상이 나를 버린 것이다.

나는 갈 곳이 없었다. 지독하게 자존심 강한 나는 남에게 무얼 조르는 걸 잘하지 못하지만 그날만은 필사적으로 매달렸다. 오랜 줄다리기 끝에 결국 원주 스님은 나를 일단 두고 보기로 하였다.

그때 동화사에는 내 위에 행자가 세 명 있었다. 위의 두 명은 몇 달 선배였고, 세 번째 행자는 나보다 일주일 전에 왔다고 하였다. 나는 동화사 행자실의 전통에 따라 일주일간 그대로 일반 옷을 입은 채로 행자들 뒤를 졸졸 따라다녔다. 행자실에 돌아오면 한쪽 벽에 가부좌를 하고 계속 앉아 있어야만 한다. 말을 해서도 안 되고 책을 보아서도 안 되고 그저 가만히 앉아 있어야만 한다. 행자들과 함께 지내며 행자들의 생활을 일주일간 지켜본 내게 원주 스님은 다시 출가 의향을 물어보았다. 나에게 다른 선택의 여지는 없었다. 다시 머리를 깎고 행자복으로 갈아입고 동화사의 행자가 되었다.

맏행자님과 둘째인 이 행자님(이 씨였는지 기억이 확실치 않은데 아마 맞을 것 같다.)은 그때나 지금이나 내가 보기엔 세상에서 보기 드문 좋은 사람들이란 생각이 들지만, 그 둘 사이는 서로 감정이 좋지 않았다. 잔꾀가 많은 이 행자님이 행자들에게 맡겨진 일을 성실히 하지 않아 맏행자님이 그것 때문에 화가 나서 몇 번 싸운 모양이었다. 사실 이 행자님도 힘드니까 그렇게 할 수밖에 없었던 것이고, 맏행자님도 힘든데 혼자 더 많은 일을 떠맡아야 하니까 화가 날 수밖에 없었던 거다. 힘든 상황이 그렇게 좋은 두 사람을 앙숙으로 만든다. 이 세상도 마찬가지가 아닐까? 살기가 편하면 싸울 일이 별로 없을 텐데, 힘들고 괴로워서 서로 싸우게 되는 것이 아닌가 말이다.

셋째인 안 행자는 초등학교만 졸업했다고 했는지 초등학교도 졸업하지 못했다고 했는지 잘 기억나지 않는데 하여튼 대단히 거친 사람이었다. 무슨 죄를 지었는지는 말하지 않았지만, 하여튼 소년원에도 다녀왔다고 한다. 그는 소년원에서 익힌 사고방식 때문에 아랫사람에게 밟히면 끝장이라는 생각이 있었다. 그것은 두려움이다. 두려워하는 사람은 잔인하게 굴기 십상이다. 왜냐하면, 자신을 보호하느라 바빠서 상대방의 사정을 배려할 여유가 없기 때문이다. 나는 워낙 약해 보이니까 나한테 밟힐 염려는 없었으므로 그가 나에게는 그다지 심하게 대하지 않았지만, 내 밑으로 들어온 행자들에게는 끔찍한 악몽이었을 것이다. 안 행자의 괴롭힘 때문에 새로 들어온 대부분의 행자들이 보름이나 한 달을 넘기지 못하고 모두 떠나갔다. 단 한 명 제법 버텨냈던 사람이 있는데 성이 잘 기억나지 않는다. 그냥 임의로 김 행자라 부르기로 하자.

김 행자가 동화사에 왔을 때 행자는 안 행자와 나 둘 뿐이었다. 상행자님들은 모두 스님이 되어 떠난 뒤였다. 김 행자는 재밌는 사람이었다. 많은 거짓말을 꾸며내서 진짜인 것처럼 들려주곤 하였다. 그는 고등학교 때 영어사전을 한 장씩 외우면서 다 외운 페이지는 찢어서 먹어버리는 방법으로 영어사전을 통째로 다 외웠다고 한다. 외국어는 사십여 개국 말을 유창하게 구사하고(한 번도 직접 들려주진 않았지만) 대학도 서울대를 졸업하였다고 한다. 그런데 그렇게 머리 좋은 사람이 이상하게도 열 개밖에 안 되는 행자 수칙은 도무지 외우질 못한다.

김 행자가 떠벌리는 이야기를 안 행자는 대단히 좋아하였다. 행자들은 새벽 2시 30분 전부터 일과가 시작되고 온종일 일하다가 밤 아홉 시가 넘어서야 취침에 들기 때문에 항상 피곤하고 잠이 부족했다. 그런데 안 행자와 김 행자가 며칠째 밤늦게까지 잠을 자지 않고 떠들어서 피곤한 나는 어느 날 드디어 폭발해 버렸다. 안 행자는 나보다 상행자이므로 나는 하행자인 김 행자를 향해 잠 안 자고 뭐 하는 거냐고 버럭 소리를 질렀다. 그러자 안 행자가 두 명 다 법당에 가서 참회로 절을 천배 하라고 명령했다. 절을 하러 법당에 올라오자 김 행자가 절하지 말고 그냥 여기서 자자고 하였다. 화가 나 있던 나는 잔소리 하지 말고 그냥 절이나 하라고 하였다. 그러자 그가 애원한다.

"형님! 제발 살려주십시오. 제가 잘못 했습니다, 형님! 앞으로 형님으로 깍듯이 모시겠습니다. 그러니 제발 이번만 용서해 주십시오, 형님!"

나는 그때 스물여섯 살이었고 그는 삼십 대 초반이었다. 더구나 나는 그때 누가 형님으로 부를 수 있을 만한 모습이 결코 아니었다. 초등학생 같은 외모뿐만 아니라 어수룩하고 자신감 바닥인 그런 모습 말이다.

내가 계속 거절하자 그는 더 비굴하게 계속 형님, 형님 거리면서 급기야는 억지 눈물까지 짜내려는 모습을 보였다. 대단히 코믹하고 황당한 느낌이었다. 사람이 이런 비굴한 모습을 보이는 것은 보기 싫었기 때문에 나는 결국 그의 말에 따르기로 하였다. 법당 바닥에 방석을 깔고 그 위에 방석을 덮고 누웠다. 그런데 잠시 후 안 행자가 법당으로 올라오는 소리가 들렸다. 우리는 부리나케 일어나 방석들을 치우고 절을 하는 척하였다. 안 행자가 법당에 들어오더니 그만하고 들어와서 자란다.

그 일이 있고 나서부터 나는 김 행자를 대하기가 어색했다. 그 전까지는 친근하게 지내던 터였다. 그런데 안 행자의 여러 번에 걸친 폭행도 꿋꿋이 견뎌내던 김 행자는 얼마 뒤에 몰래 동화사를 떠나버렸다. 그 뒤로는 행자 교육원에 가기 전까지 죽 안 행자와 단둘이 행자실을 지켰다. 안 행자와 감정이 좋지 않은 나로서는 대단히 껄끄러웠다.

상행자님들이 모두 스님이 되기 전까지 한때는 행자가 일곱 명이었을 때도 있었다. 중간에 동화사 말사에서 행자 생활을 하던 행자 두 명이 안 행자 위로 더 끼어 들어왔다. 교육을 위해 본사로 보내진 것이다. 그 두 명 중 한 명이 나이도 가장 많고 행자 생활도 가장 오래 해서 새로운 만행자가 되었다. 새로운 만행자님은 배에 길게 할복한 자국이 있었다. 스스로 말하기를, 자기는 세속에 있을 때 작은 회사의 사장으로서 수십 명의 부하를 거느리고 있었기 때문에 자기는 그러지 않으려고 노력해도 자기도 모르게 좀 거만하게 구는 때가 있으니 양해해 달라고 하였다. 그 행자님은 같이 지내는 동안 대체로 좋은 모습만 보였지만, 안 행자와는 코 고는 문제 때문에 좀 갈등이 있었다. 행자들은 모두 같은 방에서 자는데 안 행자가 코를 고니까 잠을 잘 수 없었던 새 만행자님이 코를 골지 말라며 안 행자를 깨웠다. 잠시 후에 안 행자가 다시 코를 골고, 그러면 또 만행자가 깨우고, 이런 식으로 몇 번을 반복하자 안 행자도 폭발하였다. 행자들 사이에는 위계질서가 엄격하였기 때문에 안 행자가 크게 대들지는 못하였지만, 그 분노는 충분히 느낄 수 있었다. 그 이후로 특별한 충돌은 없었지만 만행자와 안 행자의 관계는 계속 냉랭했다.

1999년 9월에 안 행자 위의 상행자님들이 모두 스님이 되러 행자 교육원에 들어갔다. 만행자님은 예상대로 배의 할복 흉터 때문에 신체검사에서 떨어져 바로 돌아왔다. 종단의 정식 계와 승적은 받지 못하지만, 은사 스님의 가수계를 받아 승복을 입고 은사 스님의 절에서 지내게 되었다. 이 행자님은 발목을 심하게 삔 이후로 계속 낫지 않고 고생을 많이 해서 행자 교육원에 가면 과연 절을 많이 하면서 버틸 수 있을까 다들 걱정을 많이 하였었다. 그런데 같이 행자 교육원에 갔다 온 다른 행자님 말에 의하면 발목 부상은 행자 생활을 편하게 하기 위한 완전한 사기극이었다고 한다. 이 행자님도 웃으면서 부정하지 않는 걸 보니 그 말이 맞는 모양이다. 할복 자국이 있는 행자님을 제외한 세 명의 상행자님들은 모두 3주간의 교육을 무사히 마치고 조계종의 정식 스님이 되었다.

동화사 시절에 또 흥미 있었던 인물은 S 스님과 장좌불와 보살님이다. 장좌불와 보살님은 S 스님을 스승으로 생각하였다. 그녀가 방에 찾아갈 때마다 S 스님은 "저리 꺼져! 난 네 스승이 아냐, 씨발년아!" 하고 고함을 고래고래 질러대어 행자들은 행자실에서 낄낄거리고 웃곤 하였다.

S 스님은 비쩍 마른 노스님인데, 아무 때나 이상한 소리를 질러대곤 하였다. 길을 가다가도 갑자기 소리를 지르고 자기 방에서도 혼자서 소리를 질러댔다. 머리 수술을 하고 나서부터 그렇게 되었다고 한다. 그런데 이상하게도 S 스님은 인기가 많았다. 천주교의 수녀님들이 정기적으로 떼로 몰려와서 스님 방에서 한참 법문을 듣다 가곤 하는 것이었다. S 스님이 대체로 이상한 모습을 보였지만 또 어느 때는 한동안 잘 제어가 되는 모양이었다.

행자들도 모두 S 스님을 좋아하였다. 행자들에게 간섭하지 않고 항상 깍듯이 대우해 주기 때문이기도 하고, 또 S 스님의 코믹한 모습에 모두 애정을 느꼈다. S 스님은 또 염불을 잘하기로 소문이 났는데, 행자들 중에서 S 스님의 염불 소리를 들어본 사람은 단 한 명뿐이었다. 그 행자님이 말하길, 자기 평생 그렇게 좋은 염불 소리는 처음 들어보았다 한다. 나는 호기심이 나서 한번 들어보고 싶기도 하고, 또 한 편으론 '염불을 잘하면 얼마나 잘할까? 그냥 애처로워서 사람들이 칭찬해 주는 것이겠지.' 하고 의심하기도 하였다.

그런데 드디어 어느 날 실제로 S 스님의 염불 소리를 들을 기회가 생겼다. 사시기도 때 부처님께 올릴 마지는 행자들이 가지고 올라간다. 그날 내가 대웅전의 마지를 가지고 올라갔는데, 노전 스님이 아프신지 아님 출타하셨는지 S 스님이 노전 스님 대신 의식을 집전하고 계셨다. 행자들은 후원에서 식사 준비를 도와야 하기 때문에 마지를 올리고 나서 바로 다시 후원으로 내려가야 한다. 그러나 나는 도저히 내려갈 수가 없었다. S 스님의 염불 소리 때문에. 그렇게 좋은 염불 소리는 자기 평생 처음 들어봤다던 그 행자님의 말마따나 나 역시 그렇게 듣기 좋은 소리는 그 전이나 이후에나 들어본 적이 없다. 염불뿐만 아니라 세상의 모든 소리를 통틀어서. 그것은 도저히 믿을 수가 없는 소리였다. 이 세상의 소리라고는. 사람의 마음을 완전히 사로잡는 너무나 감미로운 소리였다. 후원 일을 돕지 않았다고 혼날 일이 두렵기도 했지만, S 스님의 염불 소리는 그보다 훨씬 강력했다. 지랄 같은 눈물이 또 흘러내렸다. 사람들에게 내 눈물을 보여주고 싶지 않아서 방석을 하나 가져다 한쪽 구석의 맨 앞에 깔고 주저앉았다. 감미로운 염불 소리에 완전히 나 자신을 맡겨 버렸고, 눈물은 끊임없이 계속 흘러내렸다. 몽롱한 꿈속에서 헤매는 것처럼, 아니면 마약을 맞은 것처럼(경험해 본 적은 없지만), 감미로움에 정신 못 차리고 있던 나는 염불이 갑자기 끝나버리자 어찌나 아쉬웠는지 모른다. 그날 나는 후원 일을 돕지 않은 벌로 저녁 예불 시간에 천배를 하였다. 그러나 나는 S 스님의 염불 소리를 들을 수만 있다면 겨우 이 정도 벌이야 얼마든지 받겠다는 생각이 들었다. 그러나 이후 두 번 다시 S 스님의 염불 소리를 들을 기회는 찾아오지 않았다.

장좌불와 보살님은 S 스님이 수술 때문에 병원에 입원해 계셨을 때 알게 된 간호사라고 한다. 나이는 한 삼십 대 초반쯤 되었던 것 같다. S 스님이 퇴원하자 그 보살님도 직업이고 뭐고 다 팽개치고서 S 스님을 따라 동화사에 들어왔다. 누구한테도 허락받지 않았기 때문에 그저 사무실로 쓰던 큰 방 한쪽 구석에서 앉아 지냈다. 식사는 하루 한 번, 나머지 시간엔 모두 좌선이다. 목에는 묵언 중이라는 푯말을 걸고서 아무하고도 말을 하지 않는다. 상행자님들 말로는 밤에도 자지 않는다고 한다. 바로 그래서 장좌불와(오래 앉고 눕지 않는) 보살님이다. 나는 그 말이 정말인지 호기심이 일어나서 확인해 보기 위해 밤에 큰방에 들어가 본 적이 있다. 과연 장좌불와 보살님은 항상 앉아 있는 그 자리에서 좌선 중이었다. 나는 언제나 장좌불와 보살님을 마음속으로 존경하고 있었다.

그런데 행자 말년의 어느 날이었다. 안행자가 낮에 있었던 일을 무용담처럼 내게 들려주었다. 나는 그때 주지 스님의 시자로 아침부터 저녁 예불 전까지 주지실에 있었기 때문에 사중에 있던 일은 알지 못했다. 안 행자는 원주 스님의 명령으로 장좌불와 보살님을 쫓아냈다고 하였다. 처음에 가라고 말로 하니 그냥 아무 소리 하지 않고 앉아만 있더란다. 화가 나서 욕을 하니까 종이에 '애어(愛語)'라고 써서 주더란다. 애어란 부드럽고 온화하게 말한다는 뜻으로서 대승의 수행자가 중생을 불도에 끌어들이기 위해 중생을 대하는 네 가지 방법인 보시섭, 애어섭, 이행섭, 동사섭 등의 사섭법 중의 하나다. 안 행자는 냅다 싸대기를 후려갈겼다. 그리고는 머리채를 잡아끌고 나갔다고 한다. 반항하자 안 행자는 주먹으로 때리고 발로 찼다. 두들겨 맞는 상황에서도 장좌불와 보살님은 길가의 달팽이가 다칠까 봐 손으로 들어서 풀 있는 쪽으로 옮겨 주더란다. 그 말을 하면서 안 행자는 기가 차다는 듯이 비웃었다. 자기 앞가림도 못 하는 년이 어쩌고 하면서 그는 경멸과 분노를 내뿜었다. 나는 그가 왜 그 상황에 분노하는지 알고 있다. 그것은 바로 그의 상처받은 자존심 때문이다. 다른 누군가가 자기보다 훌륭하고 자기는 잘못 살고 있다는 생각은 대단히 기분 나쁘기 때문이다. 그것이 바로 악한 사람들이 선한 사람을 보면 분노하고 경멸하는 이유다. 그러나 나는 여기서 안 행자를 악한 사람이라 부르는 것에 대해서는 미안한 감정을 느낀다. 나는 그를 미워할 수는 없다. 왜냐하면, 이 모진 세상이 그를 학대해서 그렇게 만들어 놓았다고 생각하기 때문이다. 그가 만약 순탄하고 행복한 인생을 살았더라도 그렇게 되었을까?

나는 안 행자의 자랑스러운 무용담을 들으며 화가 났지만 아무 말도 하지 않았다. 안 행자보다 더 이해할 수 없는 것은 원주 스님이었다. 도대체 왜 그런 사람을 내보내라 했던 것일까? 누구한테 아무런 피해도 되지 않을 텐데. 오히려 절은 그런 사람이 있어야 하는 곳일 텐데.

어찌 됐건 힘들고 힘들었던 행자 생활은 끝나가고 있었다. 스님이 되면 나는 선승이 되리라. 안거 때는 선방에서 정진하고, 해제하면 바랑 하나 짊어지고 만행을 떠나야지. 아무것도 갖지 않고 머물지 않고 집착하지 않고 평생을 화두 하나 들고 수행만 하다 나이 들어 이 몸 간수하기 힘들어지면 아무도 모르는 어느 한적한 곳에서 몸을 버려야지. 그렇게 생각하고 있었다.

7

행자 교육원

조계종의 제18기 행자 교육원은 2000년 3월에 해인사에서 열렸다. 안 행자는 팔에 칼로 그은 자해 자국이 여러 군데 있었고(아마도 소년원에서 자신을 괴롭히는 놈들 위협하느라 그랬겠지.) 나는 키가 작아서 우리 둘 다 신체검사에서 떨어질 거라는 예상을 했었다. 안 행자는 그렇다고 쳐도 설마 키 작은 걸 가지고 떨어뜨리겠느냐고 몇몇 스님들은 이야기했다.

어찌 됐건 우려를 뒤로 하고 안 행자와 나는 행자 교육을 무사히 통과해서 고대하고 고대하던 스님이 될 꿈을 안고 해인사로 떠났다. 해인사에 도착하자 하필 눈이 내리고 있었다. 전국에서 모여든 수백 명의 행자가 자리를 배정받고 시험지를 받아 들었다. 불교 교리에 대한 시험이다. 습의사 스님들이 시험 감독으로 행자들 사이사이를 오가며 이런저런 이야기를 한다. 주로 행자들이 말 잘 듣고 얌전하게 굴게 하려고 겁주고 위협하는 이야기들이다. 시험을 마치면 행자들은 면접과 신체검사를 위해 다른 곳으로 이동한다.

면접은 행자들이 한 명씩 차례로 나가 세 명의 갈마사 스님들과 연달아서 일대일로 면접 문답을 하는 방식이다. 갈마사 스님들이 모두 열두 명이니 갈마사 세 명씩 네 팀을 이룬다.

신체검사는 행자들이 몇 명씩 그룹을 지어서 천막으로 가려놓은 공간에 들어가면 갈마사 스님들이 둘러보며 1차로 검사하여 결격이 될 만한 행자들을 추려낸다. 그러면 1차 검사가 모두 끝난 후에 추려낸 행자들만 다시 2차 검사를 받는다. 여기서도 다시 갈마사들의 선택을 받은 행자들은 마지막인 3차 검사를 받는다. 안 행자와 나는 둘 다 3차까지 받았다.

중간에 식사 시간과 예불 시간이 있고, 면접과 신체검사가 모두 끝나 밤이 되면 세면 후 취침이다. 다음날 새벽 예불과 아침식사를 마치고 나면 이제 탈락된 행자들을 호명한다. 호명된 행자들은 조계종의 정식 스님이 되지 못하고 떠나야 한다. 긴장되는 순간이다.

안 행자와 나 둘 다 호명되었다. 긴장으로 떨리던 가슴은 호명과 함께 오히려 차분해진다. 일단 초조한 기다림이 끝났으니까. 체념의 기분. 그리곤 다시 좌절의 슬픔과 이제 어찌해야 하는가

하는 막막함이 서서히 밀려오기 시작한다.

동화사로 돌아오자 우리는 각자의 은사 스님으로부터 가수계를 받고 회색 승복으로 갈아입었다. 안 행자의 은사 스님은 동화사의 어느 말사 주지였고, 나의 은사 스님은 당시 동화사 주지였던 성덕 스님이었다.

행자 교육원에서는 나의 탈락 사유로 '키가 작아서'라고 말하기는 어려웠던지, 대신 '중성'이라고 한 모양이다. 중성은 승려로 받아들일 수 없는 것으로 율장에 명시돼 있다. 탈락 사유를 전해 들은 주지 스님께서는 노발대발하셨다. 스님께서 전화기에 대고 고함치는 소리가 옆의 시자실에 있던 내게 들려왔다.

"뭐! 중성! 이 개새끼들이 돌았나, 중성이라니! 멀쩡한 사내를 두고 중성이라니! 재가 어딜 봐서 중성이야! 이 또라이 새끼들이 어디서 그런 좆같은 소리를 하고 있어!"

전화 받는 사람이 누군지는 몰라도 나를 탈락시킨 사람들은 분명 아닐 텐데, 하여튼 스님께서는 열이 받아 온갖 육두문자를 쏟아내고 계셨다.

성덕 스님은 이처럼 불같은 성격에 욕을 잘하셨지만 참 멋진 분이다. 한 번은 스님께서 이렇게 법문하시는 것을 들었다.

"어떤 사람들은 큰절 주지를 몇 번 만나고 다니다 보면 다른 스님들은 아주 우습게 알고 그러는 경우가 있습니다. 큰절 주지? 큰절 주지가 대체 뭡니까? 스님들 공부 잘하시라고 뒷바라지하는 게 큰절 주집니다. 대장 노릇 하고 어른 노릇 하는 게 큰절 주지가 아니란 말입니다. 아시겠습니까?"

보통 주지 스님들 가운데는 신도들이 자기만 떠받들고 나머지 스님들은 우습게 알기를 바라는 경우가 제법 많다. 그러나 성덕 스님은 오히려 큰절 주지라는 타이틀로 자기를 남보다 높은 곳에 올려놓지 말라는 것이었다. 이건 대단한 겸손이든지 대단한 자신감이든지 둘 중의 하나일 가능성이 크다. 대단한 자신감일 수 있는 이유는 왜냐하면 타이틀 외에는 자신의 가치를 인정받을 자신이 없는 자들일수록 타이틀을 내세우려 들 것이기 때문이다.

또 상좌를 거느린 은사 스님들 중에는 상좌를 그저 자신의 이익이나 목적을 위해 이용하는 수단 이상으로는 절대 생각하지 않는 이들이 많다. 그들은 상좌가 잘되려 하면 오히려 시기하고 방해를 한다. 방해를 하는 이유는 상좌가 잘 나가면 자기 손아귀를 벗어나서 자기가 이용할 수가 없게 된다고 생각하기 때문이다.

그러나 성덕 스님께서는 피 한 방울 안 섞이고 어디서 굴러먹다 왔는지 모를 자기 상좌들에게 진심으로 애정을 가지셨다. 따뜻하게 애정을 표현하시는 적도 없는데 이상하게 스님의 상좌들은 모두 그걸 느끼고 있었다.

스님은 상좌들을 이용하려 들지 않으셨다. 그저 각자가 원하는 자기 뜻을 마음껏 펼칠 수 있도록 지원해주고 놓아둘 뿐이었다.

왜 어떤 사람들은 남을 그토록 이용하려고 드는 것일까? 아마도 그것은 권력에 대한 욕망 때문일 것이다. 자신의 손발을 많이 만들어서 강력한 존재가 되고 싶은 것이다.

내가 18기 행자 교육원에서 탈락한 그해 동화사는 강원을 신설하였다. 강원이란 승려들에게 전통적 방식으로 경론을 가르치고 율의를 훈련하는 교육기관을 가리킨다. 많은 스님은 경론을 배우기보다는 흔히 말해 중물을 들이는 곳으로 더 큰 의의를 두기도 한다. 중물을 들인다는 것은 여러 가지 면에서 중답게 만든다는 뜻이다. 승려가 된 지 얼마 안 된 사람과 오래된 사람은 어딘지 모르게 그냥 표가 난다. 햇중들은 아직 세속인의 느낌이 많이 남아 있다. 그것을 바로 아직 중물이 덜 들었다고 한다. 그러나 한 십 년 정도 넘어가면 이제 중물도 빼야 한다. 그때까지 여전히 햇중 때 배운 것들을 고집하고 있으면 그것도 참 꼴불견이다. 왜냐하면, 햇중 때 배운 것 중에는 독을 치유하기 위해 다른 독을 이용한 것과 비슷한 경우가 많기 때문이다. 그러니 결국엔 이 독도 저 독도 모두 다 빼야 한다.

어떤 스님이 이러한 사정을 두고서 농담을 하였다. 자기가 중 된 지 얼마 안 됐을 때는 선배 스님이 "아니, 아직도 그렇게 중물이 안 들었어?" 하면서 구박을 하더란다. 열심히 중물 들여서 십 년 뒤에 다시 만났더니 이제 그 스님이 그러더란다.

"아니, 아직도 그렇게 중물이 안 빠졌어?"

대부분의 은사 스님들은 일단 자기 상좌가 중물을 들이도록 강원에 보내는 것을 선호한다. 성덕 스님께서도 상좌인 나를 동화사에 새로 생긴 강원에 입학시키길 원하셨다. 그 당시에 나는 이론으로는 더 배울 필요가 없다고 자만하였기 때문에 선방이나 다니면서 참선해서 빨리 해탈하길 원했지만, 조계종의 정식 승적을 받지 못한 마당에 그것은 날아가 버린 꿈이 되었다. 달리 갈 곳이 없었으므로 나는 강원에 들어갔다. 안 행자 아니 이제는 H 스님이다. H 스님도 나와 같이 동화사 강원에 들어갔다.

행자 때와 비교하면 훨씬 낫긴 하지만 강원에서 지내는 시절 역시 승려의 일생 중에서는 힘든 시기로 꼽힌다. 일과가 빡빡하고, 아무래도 어린 학승들이라고 어른 스님들의 제재를 많이 받기도 하고, 무엇보다 강원생들 사이의 마찰과 갈등이 심하다.

첫해의 동화사 강원에는 온갖 거친 사람들이 모여들었다. 대단히 훌륭하신 스님들도 있었으므로 그분들께는 죄송하다. 아마 내가 누구, 누구를 가리킨 것인지 알고 이해해 주실 것으로 믿는다. 하루는 한 중이 밤새 술을 먹고 해롱거리면서 들어왔다. 강원생들은 새벽예불에 나가기 위해 큰방에서 가사 장삼을 두르는 중이었다. 술 취한 중이 노래를 부르고 춤을 추고 스님들한테 농을 걸고 추태를 부린다. 한 스님이 못마땅해서 한마디 하자 그 스님과 싸움이 붙었다. 술 취한 중이 불상 앞의 촛대를 들고 와서 상대에게 휘둘렀다. 한바탕 격투가 벌어졌다가 스님들이 달려들어 겨우 뜯어냈다. 술 취한 중은 그날로 퇴출당하였다. 추한 이야기는 이 정도로 생략하는 것이 좋겠다.

이 시기에 나에게 중요한 의미가 있는 사건이 하나 일어났다. 어느 날 강원 스님들 중에서 말다툼이 벌어졌다. 말다툼이 계속 심해져 가자 회계 소임을 보던 스님이 말리고 나섰다. 그러자 싸우던 한 스님이 거칠게 쏘아붙인다.

"스님은 참견하지 말고 가서 돈이나 세!"

지금 생각해 보니 별로 대수롭지 않게 느껴지는데, 그 당시의 나에겐 그 말이 대단히 모욕적으로 들렸다. 만약 그때 그 말을 나에게 했더라면 나는 몹시 광분했을 것이다. 나는 회계 스님이 당연히 화를 낼 거라고 기대하고 있었다. 그런데 회계 스님은 전혀 화를 내지 않고 오히려 부드럽게 계속 타이르는 것이었다. 그런데도 그 스님은 화를 참지 못하고 엉뚱하게 회계 스님에게 계속 심한 말을 퍼부었다. 나는 '이제 슬슬 회계 스님도 화가 나겠지.' 하고 생각했다. 그런데 웬걸, 화를 내기는커녕, 회계 스님은 털끝만큼도 기분이 상해 보이지 않았다.

"내가 전에 스님한테 많이 심하게 했지. 내가 미안해요."

그러면서 회계 스님이 계속 부드럽게 달래주자, 화를 내던 스님은 차츰 가라앉기 시작했다. 그러면서 자기가 했던 심한 말들이 미안했던지, 무안한 표정을 지으며 이제 됐으니 가보라고 모기만 한 소리로 퉁명스럽게 내뱉었다. 나중에 알고 보니 그 두 스님은 해인사 강원에서 선후배 사이였다. 회계 스님이 윗반 선배로 있으면서 화를 냈던 그 스님을 많이 괴롭혔다고 한다.

배후의 사정이야 어찌 되었건, 나는 그때 회계 스님의 모습을 보며 상당한 충격을 받았다. 왜냐하면, 그 당시 나는 지는 걸 절대 못 참는 성미였기 때문이다. 자존심이 무척 세서 누가 나에게 조금만 잘못 말하거나 행동해도 크게 모욕감을 느꼈었다. 그러니 그런 심한 모욕을 당하고서도 참는다는 것은 나로선 상상하지도 못할 행위였다.

본래 약자는 여유로울 수가 없다. 오직 강자만이 여유를 부릴 수 있다. 또 잘난 놈은 어쩌다 무시당해도 아무렇지 않을 수 있지만 못난 놈에게는 그것이 커다란 상처가 된다. 오랜 열등감에 시달려온 나의 무의식 속엔 '나도 잘난 놈이 되고 싶다.'는 갈망이 나의 자존심을 무척 강하게 형성시키고 있었기 때문에 남에게 굴복한다는 것은 결코 받아들이기 힘든 비참한 패배로 느껴졌다.

그런데 그 회계 스님이 내게 상상하지 못했던 어떤 이상한 광경을 보여주었다. 그는 굴복하고 있으면서도 결코 비참해 보이지 않았다! 아니 오히려 굴복하고 있는 그 사람이 훨씬 더 크고 아름다워 보였다. 그것은 나에게 큰 충격이었다. 져 주고 있는 그 모습이 너무 멋있어 보여서 나는 처음으로 남에게 져 줄 수 있는 여유를 가질 용기를 얻게 되었다. 날카롭게 항상 곤두서 있을 필요가 없다는 것을 깨달았다. 지는 일은 비참한 일이 아니며, 부드러운 것이 오히려 아름답고 위대할 수 있다.

그때부터 나는 계속 부드러워지기 위해 노력해 왔다. 다른 어떤 방법으로도 그 당시의 나의 마음을 그렇게 바꾸어 놓을 수는 없었을 것이다. 여기서 나는 중요한 것을 또 한 가지 얻어낸다. 스스로 아름다운 모습을 보여주는 것은 타인을 변화시키는 가장 좋은 방법 중의 하나라는 것을.

어느 날 성덕 스님께서는 내게 성장호르몬 주사를 맞힐 생각을 하셨다. 모든 비용을 대줄 테니 큰 병원에 가서 검사를 받으라 하신다. 나야 옛날부터 당연히 성장호르몬을 맞고 싶었지만, 돈이 없으니 엄두도 내지 못하던 터였다. 그런데 마침 성장호르몬의 가격도 과거보다 많이 내려갔다고 한다. 그래도 역시 큰돈이 들 터였다. 큰돈 들여서 내 키를 키워주고 조계종 승적을 받게 해주면 나에게야 좋은 일이지만 스님께 무슨 이익이 될 것인가? 물론 불교를 믿는 자라면 남에게 이익을 주면 반드시 자기 자신에게 이익이 된다고 생각해야 한다. 그러나 승려들 중에서도 심지어 큰스님이라 불리는 사람들 중에서도 나와 비슷한 경우를 보면 '잘 됐다. 넌 그 상태로는 내 손아귀에서 벗어날 수 없으니 그대로 머물러라.' 할 사람들이 널리고 널렸다.

대구의 한 대학병원에 가서 검사를 받아보니 그 당시 나의 뼈나이는 열네 살이었다. 성장판도 아직 열려 있었다. 즉, 성장호르몬 주사를 맞으면 성장할 수 있다는 이야기였다.

나는 일주일에 하루 빼고 매일 한 번씩 주사를 맞기 시작했다. 주사는 처음에 맞는 법만 배우고 스스로 자기 손으로 맞는다. 처음엔 좀 무섭기도 하지만, 크고 싶은 욕망이 가볍게 두려움을 눌러 버린다.

성장호르몬 주사를 맞으니 몸살이라도 난 것처럼 항상 온몸이 아팠다. 이게 크느라고 아픈 거라면 한 달에 몇 센티미터씩 쑥쑥 커야 할 것 같은데 고작 한 달에 1~2cm였다.

'고작이라니. 욕심은 참 끝도 없지, 제발 1cm라도 더 컸으면 하고 바랄 때가 언젠데, 이제 와서는 매달 1cm 이상씩 고정적으로 크겠다는데 만족을 못 해?'

한편으론 그렇게 자신을 질책하였다.

주사를 맞기 전에 145cm이던 키가 일곱 달 맞고 나서 155cm로 기억한다. 그 사이에 통도사에서 열린 제19기 행자 교육원에 지원해서 한 번 더 떨어졌고, 이제 직지사에서 열릴 제20기 행자 교육원에 기대를 걸고 있었다. 이제야말로 분명히 신체검사를 통과할 수 있으리라고 모두가 예상했다.

그러나 모두의 예상과 기대는 빗나갔다. 아직도 갈마사들에게는 내 몸이 참 불만이었던 모양이다.

제20기 행자 교육원에서 탈락을 통보받던 날 나는 천둥 벼락 같은 소릴 또 들었다. 조계종 행자 교육원 관련 법규에 따르면 세

번까지만 행자 교육원에 지원할 수 있고, 세 번 탈락한 행자는 더는 받지 않는 것으로 되어 있다고 한다.

나는 이제 완전히 떠나기로 작정했다. 구질구질하게 매달리지 말고, 여기서도 저기서도 내가 있을 곳이 없다면, 이제 그만 완전히 떠나 버리자고.

여권을 만들고 인도 비자를 신청했다.

이런 사태를 대비해서 그동안 생기는 대로 모아둔 돈이 딱 비행기 타고 인도 가서 몇 달 지내기에 충분했다.

2 장

새로운 시작

8

새로운 시작

내 삶의 마지막 장소로 인도를 택한 이유는 두 가지였다. 첫 번째는 내가 깊은 믿음을 갖고 스승님으로 받들던 '라마나 마하르시'가 평생을 머무셨던 아루나찰라 산 근처에서 마지막 수행을 불태우다 죽고 싶었고, 두 번째는 내가 선택한 자살 방법이 죽을 때까지 단식하기였는데, 한국에서 그러고 있기엔 아무래도 방해를 받을 것 같아서였다.

그런데 어째서 죽지 않고 돌아왔는지, 그곳에서 어떤 일이 있었는지는 내 가슴 속에만 묻어두고 싶다. 간사하고 죽을 용기도 없는 내 마음이 부끄럽기도 하고, 또 그곳에 있는 동안 믿기 힘든 신비체험들을 많이 하였는데 이야기하자니 거짓말처럼 보일 것 같고, 빼고서 이야기를 진행하자니 사건의 흐름과 관련돼 있어서

도무지 이야기 전개가 되지 않기 때문이기도 하다.

하여튼 죽으러 인도에 갔다가 죽지도 못하고 돌아오고 나서 여수 석천사의 진옥 스님과 인연이 되었다. 진옥 스님은 대승불교의 이념을 평생 실천해 오신 훌륭하신 수행자다. 사회복지에 대단한 공적을 세우셨고, 수많은 곤궁한 이들을 남몰래 도와 삶의 희망을 얻게 해주셨다. 필자도 바로 그 수혜자 중의 한 사람이다. 필자의 삶이 바닥을 치고서 서서히 살아날 수 있었던 것은 진옥 스님께서 필자를 훌륭한 길로 인도하시고 지원해 주셨기 때문이다.

그러나 필자가 석천사에서 지내던 시기는 정신적으로나 육체적으로나 너무나도 힘든 시기였다. 정신적으로는 절망과 슬픔과 무기력과 온갖 트라우마로 가득하였고, 육체적으로는 체력이 완전히 바닥 상태였다. 죽을 때까지 단식에 들어갈 것을 대비해 두 달 동안 극소량의 음식만 먹으며 지내고 난 직후였기 때문에 음식노 살 봇 먹지 못했다.

성장호르몬을 끊었는데도 불구하고 키는 이후 몇 년에 걸쳐 계속 자라서 결국 160cm에 도달하였다. 성장호르몬의 여파가 남아 있던 그때 잘 먹었으면 좀 더 컸을지도 모르겠는데 단식으로 죽는다고 지랄하느라 잘 못 먹었던 게 참 아쉽다.

그 당시 나는 겨우 십 분 동안 서서 목탁 치기도 힘들어서 죽을 지경이었다. 힘들다 보니 짜증이 많이 났다. 하루는 기도 시간에 법당에서 목탁 치고 염불하고 있는데 어쩌다 뒤를 돌아보니 한 중학생 아이가 벽에 등을 기대고서 부처님 쪽으로 다리를 뻗고 앉아 있었다. 나는 힘들어 죽을 지경으로 염불을 하고 있는데 그러고 있는 걸 보니 화가 버럭 났다. 뭐라, 뭐라 성질을 내는 와중에 보니 아이의 한쪽 다리에 고정된 금속이 보였다. 다리가 불편한 아이였다. 나는 즉각 입을 다물고 하던 염불로 돌아갔다. 정신이 없었는지 사과할 생각도 못 했지만 이후 나는 대단히 후회하였다. 그 아이와 아이의 어머니에게 내가 상처를 준 것이 아니기를 빌고 또 빌었다.

이 일이 있고 나서 나는 새로운 생각을 하게 되었다. 그 이전까지 나의 수행관은 자학적이고 자멸적이라 말할 수 있다. 그러나 이제 그래선 안 된다고 생각하였다. 왜냐하면, 내가 힘들면 남도 힘들게 만들기 때문이다. 불행한 자는 남도 불행하게 만든다. 왜냐하면, 자기는 불행한데 행복한 사람을 보면 저절로 속이 뒤틀릴 수밖에 없기 때문이다. 또 약한 자는 남을 돕기 어렵다. 돕기는커녕 오히려 남의 짐이 된다.

간혹 능력이 커지면 남을 해칠까 봐 걱정하는 사람들이 있다. 얼마나 한심하고 못난 생각인지 모른다. 능력을 키워서 그 능력을 악한 일이 아닌 선한 일에 사용할 수 있도록 자신을 길들이는 것이 우리가 해야 할 일이다.

또 흔히 연약함과 선함을 혼동하는 경우가 많다. 그러나 약해서 선해 보이는 것은 진정으로 선한 것이 아니다. 그는 남에게 피해도 주지 않지만, 이익도 주지 않는다. 피해를 주지 않는 것도 단지 피해를 줄 힘이 없기 때문일 수 있다. 선해 보이던 사람이 힘을 얻고 나서 지독하게 악한 사람이 되는 경우는 얼마든지 있지 않은가.

선하기 위해서 연약할 필요도 없고 어리석을 필요도 없다. 강하고 지혜로우면서 선한 것이 최선이다. 마찬가지로 방종이 두려워서 자유를 꺼리는 것도, 타락이 두려워서 지식이나 지혜를 꺼리는 것도 모두 어리석은 생각이다. 자유롭게 살아봐야 그 자유를 방종이 아닌 성숙한 삶으로 만들 수 있는 기회와 능력을 얻을 수 있다. 세상 물정 몰라서 순수해 보이는 것도 어리석음일 뿐이고 쓸모없는 것이며 금방 깨져 버릴 헛된 것이다. 세상 이치를 속속들이 알고 지혜로우면서도 스스로 자신의 마음을 지속해서 정화시켜 나갈 수 있는 그러한 것이 바로 진정한 순수요, 힘 있는 순수요, 가치 있는 순수다.

하여간 석천사에서 지내던 기간 동안 정신적으로나 육체적으로나 완전히 바닥 상태였던 나를 진옥 스님이 보시기엔 대단히 이상하고 불만스러우셨을지 모르겠다. 아니면 깊은 지혜와 이해심으로 이해해 주고 계셨을지, 어리석은 나로서는 짐작할 수 없지만, 어느 쪽이든 나 같은 놈을 인내해 주신 것은 하여튼 대단한 인내심이 아닐 수가 없다.

그동안 나는 행자 교육원에 한 번 더 지원하였다. 세 번 탈락한 행자는 행자 교육원에서 받아주지 않는다고 말씀드렸지만, 진옥 스님께서는 손을 써 두었으니 이번엔 확실히 통과할 거라 하셨다. 석천사의 본사인 화엄사에 가서 다른 행자들과 함께 한 달간 교육을 받고 함께 행자교육원으로 떠났다. 화엄사의 교무스님 역시 내가 통과할 것을 기정사실로 알고 계셨다.

2002년 3월 통도사에서 열렸던 제22기 행자교육원에서 그러나 나는 역시 통과하지 못했다. 막판에 갈마스님 중의 하나가 "어? 가만 보니 이 행자 세 번 떨어진 행자 아니야?" 하면서 갑자기 이의를 제기했다. 다른 갈마스님들은 아무런 말이 없었고, 나는 다음날 탈락자로 호명될 것을 직감했다. 이미 여러 번 경험하였고 별 기대를 하지도 않았기 때문에 이번에는 크게 상심하지 않았다.

석천사에서 지내던 기간 동안의 이야기는 은혜 막중한 두 번째 은사이신 진옥 스님께 누가 될까 염려하여 이 정도로 생략하고자 한다.

2003년 5월 말, 진옥 스님의 권유에 따라 나는 드디어 티벳불교를 배우러 북인도 다람살라로 유학을 떠났다.

9

봉숭아 학당

2003년도 사라 학교의 티베트어 반 수업은 완전히 코미디 봉숭아 학당을 방불케 했다. 온갖 곳에서 굴러먹다 오신 독특한 분들이 많았고(나를 포함해서), 선생님들은 모두 경험도 없고 언어를 어떻게 가르쳐야 할지를 전혀 모르는 분들이었다.

그중에 3교시 수업이 특히 재미있었다. 선생님 이름이 '툽땐'이었던 걸로 기억한다. 나이가 20대 초반의 키가 크고 비쩍 마른 스님이었다. 그는 뺀질거리는 성격인지, 거의 항상 수업 시작 10분 뒤에 들어와서 수업 종료 10분 전에 나가곤 했다. 교재는 티베트 아이들이 초등학교에서 배우는 국어(티베트어) 교과서였다. 그날 배울 분량을 이 학생 저 학생보고 조금씩 읽어보라고 시키고 나서 그다음에 자기가 설명해주는 방식이었다. 그런데 조금 설명을 하다가는 꼭 이상한 이야기로 빠지기 일쑤다. 주로 머리에 뿔이 난 사람 이야기라든지, 수염이 수북하게 난 여자, 쇠못을 먹고 사는 사람 따위의 희한한 이야기들이었다. 그런 사람이 어디에 있느냐고 물어보면 대답은 언제나 중국이다. 나중에 학생들은 그런 이야기를 들려주면 어디에 있는 사람이냐고 묻지 않고 이제 "중국 사람이죠?" 하고 물었다. 그러면 학생들은 낄낄거리고 웃었는데, 그는 진지한 얼굴로 이렇게 묻는 것이었다.

"어떻게 알았어?"

그 말에 학생들은 한 번 더 뒤집어졌다.

툭땐 선생님이 편하니까 학생들은 활발하게 질문하고 농담하고 장난을 쳤다. 한 번은 한 학생이 그가 수업에 들어오자 "평안하세요?" 하고 인사를 건넸다. 회화연습을 하는 것이므로 그는 친절하게 "네에, 평안합니다."라고 대답하였다. 그러자 질문했던 학생이 말했다.

"왜죠?"

와르르 폭소가 터졌다. 그런데 그는 그게 장난인 줄 모르고서 진지하게 "이럴 때 '왜죠?'라고 묻는 건 좀 이상해요." 하면서 다른 적당한 회화 사례 몇 가지를 들어가며 설명해주는 것이었다.

그는 말끝에 반드시 '쓰' 하는 발음을 붙이는 버릇이 있었다. 이를테면 "어제는 맥글로드에 갔다 왔거든요쓰, 그런데 거기서 이상한 사람을 보았어요쓰." 하는 식이다. 그런데 이게 중독성이 무척 강해서 얼마 지나니까 모든 학생이 이런 말투를 쓰기 시작했다. 하루는 한 학생이 이런 말투로 말을 하자 그가 말끝에 '쓰' 자를 붙이는 건 좋지 않은 습관이라고 말했다. 그런데 그 말을 하는 본인이 항상 그런 식으로 말했으므로 학생들은 폭소하였고 그 역시 멋쩍게 웃었다. 다음날부터 그는 말끝에 '쓰' 자를 안 붙이려고 노력하는 듯했고, 평소답지 않은 그의 말투가 우린 또 재밌었다. 그가 자꾸 '쓰' 없이 말을 끝내자 뭔가가 허전한 우리는 그가 말을 끝낼 때마다 이구동성으로 '쓰'하고 덧붙여 주기 시작했다. 미리 계획하지도 않았는데 어찌 그리도 마음이 잘 맞는지. 연달아서 몇 번 그의 말끝마다 '쓰', '쓰' 하고 덧붙여주자 그게 또 웃겨서 폭소가 터져 나왔다.

학생들 중에는 몽골 사람이 가장 많았다. 몽골 스님이 두 명, 고등학교를 갓 졸업한 사내 녀석이 한 명, 아줌마가 한 명, 대학을 졸업한 처녀가 두 명, 이렇게 여섯 명이었다. 한국인은 나를 포함해서 두 명의 사미승, 나보다 몇 살 많은 여성 한 분, 이렇게 세 명이었다. 그 여성분은 참 묘하게도 내가 2001년도에 인도에 가서 죽으려고 비행기 표를 사러 여행사에 갔을 때 나와 상담했던 바로 그 사람이다. 반에는 그 외에도 인도 남자 두 명, 러시아 여자 세 명, 군대 출신의 러시아 남자 한 명, 브라질에서 온 중년 여성 한 명, 헝가리 여자도 한 명 있었다. 그리고 중간에 카자흐스탄의 스무 살 정도 되는, 왠지 사고를 칠 것같이 위험해 보이는 마약쟁이 녀석도 잠시 머물다 떠났다.

나는 몽골과 인연이 깊은지, 그때부터 죽 지금까지 몽골 사람들과 항상 친하게 지내왔다. 그들끼리도 서로서로 또 잘 알기 때문에 내가 몽골에 오면 자기들이 몽골에서의 경비나 모든 것들을 다 책임질 테니까 꼭 한 번 나를 데리고 오라고 자기들끼리 이야기하였다고 한다.

내가 몽골 친구들에게 항상 놀리는 주제가 하나 있는데, 바로 그들의 언어다. 몽고어에는 꼭 소주 한 잔 입에 털어 넣고 나서 "카아~" 하는 것 같은, 또는 가래침 뱉을 때 "카악~" 하는 듯한 발음이 무척 많이 들어간다. 대충 흉내 내보면 "카흑컥컥, 아흑컥컥" 이런 식이다. 덩치 크고 우락부락한 몽골 사내 둘이서 이렇게 "카흑컥컥, 아흑컥컥"거리고 대화를 하고 있으면 아주 잘 어울리긴 한다. 마치 "너 이 개새끼 죽여 버린다.", "죽여 봐 씹새끼야." 하고 으르렁거리고 있는 듯이 보인다. 만약 사랑하는 두 남녀가 대화를 나누고 있으면 아마도 "개새끼야 어제 어떤 년 만났어?", "이 쌍년이 어디서 의심증이야 뒈지려고." 하는 대화를 나누고 있는 듯이 보일 것이다. 우리 반의 몽골 처녀 둘은 얌전하고 연약해 보이는 인상이라서 그들이 이런 거친 언어를 쏟아내고 있는 것을 보면 정말 안 어울린다. 그래서 수업 중에 그들이 가끔 서로 마주 보고 "카흑컥컥, 아흑컥컥"거리면 반 전체가 폭소하곤 하였다.

'비즈야'라는 몽골 스님은 몽골 말뿐만 아니라 티베트 말도 꼭 이렇게 아흑컥컥하는 식으로 발음을 한다. 그는 키가 크고 용가리 통뼈에 얼굴도 선이 굵어서 꼭 이제 막 전쟁터에서 거대한 도끼 휘두르다 온 전사 같은 느낌을 준다. 그래서 내가 놀리느라 "비즈야, 도끼 어디다 놨어? 도끼?" 하고 물으면 비즈야는 무슨 말인지 못 알아듣고서 "뭐헠? 도흑낔? 도흑끼각 뭐허크약?" 하는 식으로 힘들게, 힘들게 대꾸하는 것이었다.

또 다른 몽골 스님 '부다체링'은 티베트어를 전부터 배웠기 때문에 말을 잘하는 편이었다. 그는 내 방으로 자주 체스판을 들고 찾아와서 함께 체스를 두곤 하였다.

수줍음 많고 착한 '뚤가'와는 함께 탁구 치는 시간이 많았다. 학교에 탁구대가 단 한 대밖에 없어서 저녁땐 항상 여러 사람이 둘러서서 자기 차례를 기다리고 있었고, 시합을 해서 진 사람이 빠지면 다음 차례의 사람이 들어가는 식이었다. 그러나 우리는 오후 수업이 없었기 때문에 다른 학생들이 네 시에 수업이 끝나고 몰려오기 전까지 탁구대는 완전히 우리 것이었다.

몽골 여자 중에선 '문크나랑'이 나와 친했다. 그녀는 성격이 꼭 남자같이 화끈하고 털털하다. 본인 입으로도 자기 성격이 남자 같아서 여자들과는 잘 친해지지 못하고 주로 남자들과 친하다고 말하곤 하였다. 그녀는 몽골의 재미있는 여러 가지 풍습에 대해 알려주었다. 다른 사람과 발이 부딪치면 반드시 곧바로 그 사람과 손을 잡아야 한다는 것, 사발이나 통 같은 것을 빌렸을 땐 반드시 그 안에 음식이나 선물 따위를 넣어서 돌려줘야 한다는 것 등이다. 그 밖에도 이러면 어째야 되고 저러면 어째야 한다는 식의 별의별 이야기들을 다 들으며 '참 많기도 하다.' 하고 생각했었는데, 아쉽게도 다 잊어버리고 기억나는 게 없다.

사실 그 당시에 그녀는 문크나랑이라는 본명이 아닌 '니마'라는 티베트 이름으로 불렸다. 나 역시 니마라고 불렀었는데 그녀가 다음 해에 자기 나라로 돌아간 이후부터는 그녀의 본명을 기억하기 위해 그녀를 언급할 때 항상 문크나랑이라 부르고 있다. 그런데 어느 날 내가 이메일에서 문크나랑으로 그녀를 부르자 그녀가 답장에서 니마라고 불러달라고 하였다. 니마라는 이름이 그 당시의 일들을 떠올리게 해서 행복하게 만들어 준다는 것이다.

나 역시 그 당시의 일들을 생각하면 배꼽이 빠지게 웃기기도 하고, 참 즐겁고 아름다웠던 시절로 추억된다. 낯선 환경에 낯선 언어, 낯선 문화, 모든 것이 낯선 힘든 상황 속에서, 또 나이 먹어 안 돌아가는 머리로 새로 다른 언어를 배워야 하는 힘든 시기에 그렇게 즐겁게 잘 넘어갈 수 있었던 것은 모두 이런 정겨운 친구들 덕분이 아니었는가 싶다.

10

롭상쵀된

롭상쵀된은 나보다 아홉 살 어린 동양계 러시아 아가씨다. 롭상쵀된이란 이름은 티베트어 이름인데, 그녀의 러시아 이름은 밝히지 않는 것이 좋겠다. 내가 그녀를 만난 것은 2003년도 사라 학교의 티베트어 반에서다. 내 나이 서른 살이었다. 후반기 수업이 시작되던 날 그녀는 내가 앉아 있는 책상 쪽으로 걸어오더니 옆에 앉아도 되느냐고 물었다. 그렇게 해서 우리는 짝꿍이 되었다.

그녀는 키가 작고 동양인처럼 동근 얼굴에 작은 이목구비, 심하게 곱슬곱슬한 흑갈색 머리, 어려 보이는 외모에도 불구하고 풍만한 몸에서 풍겨 나오는 성적 매력은 몹시 뇌쇄적이다. 성적인 매력이란 게 주관적일 수도 있지만, 그녀에게는 분명 남자들을 환장하게 하는 무언가가 있었다. 학교의 수많은 사내 녀석들이 그녀를 좋아하였다. 나중에 나는 그녀를 충분히 알고 난 후 그녀가 그렇게 섹시한 건 아마도 그녀의 마음이 섹시하기 때문인 모양이라고 생각하였다.

그녀는 만난 지 얼마 되지도 않은 나에게 먼저 적극적으로 스킨십을 시작하였다. 무엇을 묻는 척하면서 가슴을 갖다 대거나 대화를 하면서 아무렇지 않게 나의 이곳, 저곳을 만지작거렸다. 또 그녀는 대화를 할 때 내 눈을 동그란 눈을 하고는 뚫어지라 바라보곤 했다. 그냥 아무하고 대화할 때 그렇게 하는 습관이었는지는 모르겠지만, 그 당시 내가 느끼기론 마치 "나 너 좋아해, 봐봐, 나 너 이렇게 좋아한다고." 하면서 그 동그란 눈으로 열심히 호소하고 있는 것처럼 보였다.

수업이 시작된 지 며칠쯤 되던 어느 날이었다. 수업이 모두 끝나자 자리에서 일어나는 나를 붙잡고 묻는다.

"내가 뭐 가져왔게?"

"몰라. 뭔데?"

그녀가 가방에서 꺼낸 것은 체스판이었다.

"우리 체스 두자. 이쪽으로 와서 앉아. 체스 둘 줄 알지? 모르면 내가 가르쳐줄게."

나는 중고등학교 시절에 친구들과 몇 번 체스를 두어봤지만 하도 오랜만에 보니까 경기 규칙과 말의 배열 같은 것이 잘 기억나지 않았다. 그래서 롭상최된은 내가 체스를 처음 접해보는 줄로 생각한 모양이다. 내가 두 판을 연달아 지고 나서 세 번째 판을 이기자 그녀가 놀라 자빠진다.

"내가 체스를 그렇게 못 두는 실력이 아니거든. 그런데 처음 배운 사람이 세 번째 판 만에 나를 이기다니. 너 천재 아냐?"

나는 교활하게도 전에 두어 본 적이 있다고 고백하지 않고서 그저 미소만 지었다.

그 날 이후 우리는 교실에서 단둘이 체스도 두고 같이 티베트어 공부도 하였다. 그러다 함께 산책하러 나가고 저녁때가 되면 학교 밖 식당에서 저녁을 먹기도 하였다. 하루는 산책에서 돌아오는 길에 그녀가 장난으로 내 목 뒤의 셔츠를 잡아당기더니 그 속에 물을 부었다. 더운 날씨에 차갑지도 않지만 나는 "아차차!" 하고 놀라는 척하며 도망을 쳤다. 그녀가 웃으며 따라오다가 "옷 젖었는데 벗지 그래?" 하고 말한다. 그때 나는 '아하, 내 몸을 보려는 속셈이었군.' 하는 생각이 들었다.

하여튼 그녀와 어울리면서 나는 점점 그녀가 나를 좋아한다고 확신하게 되었다. 그러던 어느 날이었다. 여느 때와 마찬가지로 우리는 오후에 교실에서 단둘이 공부를 하고 있었다. 내가 머리를 좀 식히려고 창가로 가서 풍경을 내다보고 서 있자 롭상최된이 내 뒤로 다가오더니 한쪽 가슴을 내 팔에 갖다 댔다. 나는 그녀를 향해 몸을 돌리며 그녀의 허리를 두 손으로 살짝 안았다. 그녀는 그저 가만히 내 얼굴을 바라보고 있었다. 모든 것이 잘 돼가고 있는 것처럼 보였다. 그런데 내가 키스를 하려 하자 그녀가 고개를 돌리는 것이었다. 내가 다시 키스를 시도하자 그녀는 "어, 잠깐!" 하면서 내 팔을 뿌리치고는 황급히 자기 자리로 돌아갔다. 그리고는 책을 챙겨 들고 교실을 나가는 것이었다. 나는 당황해서 어찌할 줄 모르고 그저 그 자리에 서서 그녀가 나가는 것을 지켜볼 뿐이었다.

그러고 나자 종일 머리가 복잡했다. 그녀가 화가 난 것인지, 내가 실수를 한 것인지, 어떻게 해야 되었는지, 내일 그녀를 만나 뭐라고 말해야 할지, 그런 생각들이 계속 맴을 돌았다. 다음날 그녀를 만나면 어찌 됐건 사과부터 할 생각이었는데 그녀는 수업에 나오지 않았다. 그 날도 계속 온종일 머리가 복잡했던 나는 저녁 식사 이후 도저히 견딜 수가 없어서 그녀의 방을 찾아갔다. 그녀의 방은 여학생 기숙사 건물의 1층 모퉁이에 있었다. 방 밖에서 창문을 두드리자 커튼이 빠끔히 열리며 그녀의 룸메이트가 얼굴을 내민다.

"롭상최된 있어?" 내가 작은 소리로 묻자 그녀가 "잠깐 기다려." 하고는 커튼을 다시 닫는다.

롭상최된이 빨리 나오지 않자 나는 마음이 불안했다.

'화가 단단히 난 모양이군.'

나는 그렇게 생각하며 계속 창문으로 그녀가 얼굴을 내밀길

기다리고 있었는데, 그녀가 건물 모퉁이를 돌아 내 앞에 갑자기 '탁!' 하고 나타나 나는 깜짝 놀랐다. 내가 뭐라고 하기도 전에 "교실로 가자." 하면서 그녀가 내 팔을 잡아끈다. 그녀가 내게 화가 나 있는 것 같지 않았기 때문에 나는 마음이 놓였다.

교실 건물에 도착하자 우리는 옥상으로 올라갔다. 난간도 없는 옥상 끄트머리에 나란히 앉아 경치를 바라보았다.

"어제 미안. 갑자기 급한 일이 생각나서……."

사과를 한 건 놀랍게도 내가 아니라 그녀였다. 나는 뭐라고 말해야 할지 몰라서 얼른 화제를 돌리며 물었다.

"오늘은 왜 수업 안 나왔어?"

"어, 좀 아파서……."

"그래? 어디가 아픈데? 지금은 괜찮아?"

"몰라. 그냥 좀…… 이제 괜찮은 것 같아."

잠시 침묵이 흐르다 그녀가 꿈 이야기를 하였다.

"나 어젯밤에 꿈을 꿨거든?"

"어떤 꿈인데?"

"엄마가 꿈에 나타나서 나한테 막 야단을 치는 거야. 내가 뭐 잘못한 게 있거든. 되게 막 야단을 쳐서 나는 엄청 울었어. 근데 깨어보니 베개가 축축하게 젖어 있더라. 하하! 웃기지?"

나는 그녀가 승려인 나와 부적절한 관계를 갖는다는 죄책감 때문에 그런 꿈을 꾼 것이 아닌가 하는 생각이 들었다.

그녀는 내게 언제까지 승려생활을 할 거냐고 질문했다. 내가 죽을 때까지 승려로 있을 거라고 대답하자 그녀가 이렇게 말한다.

"배울 거 다 배우고 나서 환속하면 되잖아."

어떻게 대답해야 할지 몰라 잠시 머뭇거렸다.

"글쎄…… 그런 생각은 안 해 봤는데……."

그 뒤로는 어정쩡한 관계가 조금 지속하다 어느 날 크게 말다툼을 하고 나서 우린 짧았던 짝꿍 시절을 마감했다.

나는 이제 문크나랑과 짝꿍이 되었다. 문크나랑은 처음부터 끝까지 그저 편한 사이였다.

어느 날 문크나랑이 롭상최된에 대한 소문을 들려주었다. 그녀가 여러 남자들을 사귀며 대단히 방탕하게 지내고 있다는 것이었다. 그 이야기를 듣자 기분이 조금 불쾌했다. 그런데 지금 가만히 생각해 보면, 그녀를 보고 지내는 동안 어떤 남자를 사귀고 있는 것은 한 번도 본 적이 없다. 그 밖에도 그녀에 대해서는 안 좋은 소문이 돌아다니곤 하였는데, 아마도 한껏 멋을 부리고 다니던 그녀를 주변 여학생들이 시기해서 자꾸 안 좋은 소문을 만들었던 것이 아닐까 생각된다.

그다음 해인 2004년 3월에 나는 예정대로 IBD(불교학교)에 입학하였다. 나는 그때부터 2010년까지 티베트 승복을 입고 생활하였다.

롭상최된은 IBD에 입학할 생각이 없었고 입학시험도 보지 않았는데 수업 시작한 다음 날부터 갑자기 우리 수업에 들어왔다. 그녀는 우리 사이의 냉전을 깨고서 다시 내게 말을 걸어오기 시작했다. 그러면 나는 마지못해 한마디 대답하고는 얼른 자리를 피하곤 했고, 그녀가 말을 걸려고 다가오면 미리 다른 곳으로 도망가거나 그런 식으로 계속 그녀를 피했다. 나 같으면 누가 나한테 그렇게 대하면 대단히 기분이 상할 텐데, 그런데도 그녀는 계속 나에게 친절하게 대해왔다. 그리고 그녀의 필살기인 스킨십 신공도 다시 시작되었다. 여러 사람이 몰려서 논쟁하고 있을 때 뒤에서 가슴 갖다 대기, 내 옆에 와서 앉았다가 일어날 때 내 허벅지 짚고서 일어나기, 우연인 척 부딪치기 등등. 한창 성욕이 왕성한 시기의 노총각에겐 너무나도 가혹한 고문이 아닐 수 없다. 오죽하면 이런 시를 쓰기도 하였다.

삶을 명상으로 만들기

내 마음을 흔드는 것은 무엇이든
포기하는 연습하기

마음속을 스쳐 가는 생각과 감정들에

관계 맺지 않기
마음이 자꾸만 욕망의 대상으로 달려갈 때면
그것이 내게 결코 행복을 가져다줄 수 없음을 기억하기

이런저런 욕망이 내게 고통을 주고 있음을
현장에서 똑똑히 목격하기

커다란 괴로움이 나를 덮쳐 와도
그것에 온통 지배되지 않을 수 있게
내 마음 깊고 깊은 곳의 피난처로 가는 길
일상의 자잘한 고통 속에서 익혀두기

기쁨과 슬픔, 욕망과 두려움,
사랑과 미움, 기대와 좌절,
삶으로부터 분리할 수 없는 이 물결들과
한걸음 떨어져서 바라보는 연습하기

오늘은 얼마나 많은 시간을 깨어 있었는가?
잠속에서도 얼마나 깨어 있을 수 있는가?
깨어 있는 시간 나날이 늘려가기.

그러던 어느 날이었다. 오후 두 시부터 네 시까지는 우리 불교반이 법당에서 자습을 하는 시간인데, 그날은 법당에 무슨 행사가 있어 식당으로 자리를 옮겼다. 한 테이블에 내가 자리를 잡자, 같은 테이블에 한 자리 건너 롭상최된이 앉았다. 그녀와 나의 사이엔 도제빠쌍이라는 이름의 라닥에서 온 스무 살가량의 사미승이 앉았다. 나는 계속 그와 잡담을 하였고, 롭상최된은 공부를 하는 척하면서 계속 우리의 대화를 엿듣고 있었다. 그녀와 나의 관계를 아는지 모르는지 도제빠쌍이 뜬금없이 펜을 하나 그녀에게 내밀면서 이렇게 말하는 것이었다.

“학빠(내 티베트 이름) 거시기가 이만하대.”

“컥! 이 쌍놈 새끼!”

당황한 내 입에서 갑자기 한국말로 욕이 튀어나왔다. 도제빠쌍은 뭐가 그렇게 좋은지 낄낄거리고 아주 재밌어 죽는다. 그런데 더욱 놀라운 것은 롭상최된의 반응이다. 도제빠쌍의 펜을 받아 들고는 나를 요염하게 노려보며 한 손으로 주물러대는 것이 아닌가! 마치 나의 거시기를 주무르고 있다는 듯이. ‘헉!’ 나는 황급히 눈을 내리깔았다. 그리고 “마하반야바라밀!” 하면서 열심히 경전을 읽기 시작했다.

그러고 나서는 그 일에 대해 전혀 생각하지 않았는데, 그날 밤 자려고 불을 끄고 눕자 갑자기 그때 일이 떠올랐다. 요염하게 노려보던 그녀의 눈빛, 그녀의 귀여운 손이 내 거시기를 야무지게 주물러대는 환상이 계속 나를 괴롭혔다. 밤새도록 그렇게 환상에 시달리느라 결국 잠을 한숨도 자지 못했다.

그러고 나니 그동안 그녀를 향해 쌓아 놓았던 두터운 마음의 벽이 온데간데없이 사라져 버렸다. 그동안 용케 억누르고 있던 욕망에도 다시 불이 붙었다.

롭상최된, 참 대단한 여자다. 어떻게 그런 행동을 할 수 있는지, 놀라움을 넘어 존경스러울 지경이다. 전에 한 번 수줍음이 심한 여자를 좋아했다가 마음고생을 했던 적이 있어서 그런지, 난 여자가 이렇게 적극적인 모습이 보기 좋다.

귀엽고 요염하고 사랑스럽던 이 롭상최된은 2006년 말쯤에 완전히 러시아로 돌아갔다.

11

티베트불교의 그림자

티베트 스님들 중에는 그런 사람이 없지만, 티베트 중들 중에는 동성애자가 많다. 강사 중이 자신의 학생에게 요구하는 경우도 있고, 애인이었던 중이 배신을 해서 살인이 일어나는 경우도 있고, 여러 중들이 한 스님을 납치해서 떼거리로 강간하는 경우도 있다. 남인도의 사원에서 지내다 올라온 한 중이 말하기를, 그렇게 강간당한 중은 거의 대부분 제 발로 계속 찾아온다고 한다. 우리 반 동기들 중에서도 확실하게 동성애자라고 말할 수 있는 경우만 해도 여러 명 된다. 나는 특히 여자같이 생긴 외모 때문에 게이들의 집요한 표적이 되곤 하였다.

사실 나 자신은 내가 여자같이 생겼다고 절대로 인정하지 않는데, 이상하게 인도인들이나 티베트인들은 나를 처음 보는 경우

거의 여자로 생각한다. 길거리에선 인도 거지들이 “아닐라!(여자 스님을 부르는 티베트어) 아닐라!” 하면서 불러대고, 가게나 시장에선 인도 주인들이 역시 아닐라, 또는 마담이라고 불러댄다. 한국인과 서양인들은 별로 착각하지 않는 것 같은데, 인도인들이나 티베트인들은 도대체 왜 그러는 것인지 알 수가 없다. 그런데 나도 참 성질 더럽지, 여러 해 동안 수없이 겪어봤으면서도 이 문제는 당할 때마다 매번 기분 나쁘다.

하여간 나의 이런 외모 때문에 별의 별꼴을 다 당해 보았는데, 그중에서도 티베트 중들이 하는 짓들이 참 찬란하다. 한번은 한 중이 자습시간 중에 자꾸 쪽지를 던지는 것이었다. 뭔가 싶어 읽어 보고서 그냥 말았더니 답장을 써 달란다. 그래서 할 수 없이 그냥 아무렇게나 몇 자 적어서 던져줬더니 나중엔 이상한 내용의 쪽지를 전해온다.

“나는 여자들에게는 관심 없다. 네가 나한테는 가장 아름답다.”

처음엔 그냥 농담으로 놀리는 것인 줄 알았는데 나중에 보니 그게 아니었다. 내가 답장을 보내지 않으니까 그가 내 옆으로 와서 치근대기 시작한다. 몇 마디 나누다가 그가 성적인 얘기를 하기 시작하더니 나보고 그 문제 때문에 힘들지 않으냐고 묻는다. “뭐, 그렇지.” 하고 대답했더니, 자기가 좋은 방법을 알고 있단다. 그 방법이라는 것에 대해서는 왠지 절대로 묻고 싶지 않았지만, 대화 흐름 상 어쩔 수 없이 그게 뭐냐고 물었다. 그랬더니 글쎄,

스님들끼리 '하면' 된다는 것이다. 내가 '뜨악!' 하는 표정을 지어 보이자 그가 황급히 손을 내저으며 설명을 들어보란다. 계율에 있는 불사음계는 입과 성기와 항문 등의 세 구멍 중 하나에 성기를 삽입할 경우 범하는 것이고, 스님들끼리 할 때는 그 셋 중의 한 곳이 아닌 허벅지 사이로 한다는 것이다. 그러면서 이런 말도 하였다.

"다른 나라 스님들은 여자 때문에 환속을 많이 하는데, 티베트에는 왜 스님들이 그렇게 많은 줄 알아? 그게 다 그런 식으로 문제를 해결하기 때문이야. 계율도 범하지 않고 스님으로서 살아갈 수 있으니 얼마나 좋은 방법이야?"

나는 화가 나서 주위에 큰소리로 이렇게 말해 버렸다.

"얘가 뭐라는 줄 알아? 스님들끼리 하면 죄가 안 된대."

그러자 법당에 있던 반 전체 학생들이 "와하하!" 웃음을 터뜨린다. 그는 얼굴이 빨개져서 자기 자리로 돌아갔다. 짓궂은 그의 룸메이트가 놀려댄다.

"어이! 난 필요 없어? 내가 줄까? 하하하!"

또 한 중은 나에게 툭하면 "I love you."라고 말하곤 했는데, 한번은 내 입술에 키스를 시도하기까지 했다. 동성애자만 아니라면 그는 참 재미있고 성격도 좋아서 좋은 친구 삼을 만한데 참 아쉽다는 생각이 들곤 했다.

하루는 달라이라마 스님의 궁전과 남걜사원 주위의 꼬라를 도는 중이었다. 꼬라란 성지나 탑, 절 등을 돌면서 신심을 키우는 행위를 가리키는 티베트 말이다. 꼬라 길에 있는 사원을 지나갈 때 처음 보는 한 티베트 중이 나를 손짓해 불렀다. 무슨 일인가 하고 가보니, 종이 한 장에 영어 단어를 몇 개 적어 놓고 보여주면서 내게 잠깐만 가르쳐 달란다. 한 법당 안으로 데리고 가기에 따라 들어가서 단어 하나, 하나 설명을 해주었다. 그러고 나서 나오려 하자 그가 잠깐 있어 보라면서 치근대기 시작한다.

"쌈탑(티베트 승복 치마) 안에 뭐 입었어? 괜찮아, 한번 보자."

두들겨 패고 싶었지만 아무 말 없이 그냥 나왔다.

하여튼 내가 직접 경험한 동성애자 티베트 중들만 해도 상당수다.

나는 동성애 자체를 나쁘다고 생각하지는 않는다. 그것은 그저 각자의 취향이고 자유라고 생각한다. 그러나 중들 사이에서 이렇게 동성애자들이 많아진 현상은 대단히 추하고 안타까운 일로 느껴진다. 물론 나도 여자를 밝히니까 그다지 떳떳한 편은 못 되지만, 중들 사이의 동성애 문제는 분명히 그보다 훨씬 심각한 문제다.

티베트 중들 사이에서는 동성애 문화라고 부를 만한 무엇인가가 있다. 툭하면 동성애 쪽으로 돌아가는 생각과 농담, 음흉한 시선들, 그런 것들이다.

어린아이가 귀여워서 머리라도 한 번 쓰다듬어 줄라치면 티베트 중들의 음흉한 시선이나 성적 농담이 따라오곤 한다. 그 지긋지긋한 추함이란…….

친분이 없던 상태에서 처음으로 서로 말을 트거나 어느 중이 친근하게 말을 걸면 주위에 있는 티베트 중들은 꼭 이런 소리를 한다.

"조심해, 속이고 있는 거야(삽삽제아. 고코르땅기요레다)."

또는 말을 거는 쪽에게 이렇게 말한다.

"어이, 속이지 마라(웨이, 고코르마땅)."

난 처음엔 그게 무슨 뜻인지 몰랐는데, 이런 경우 속인다는 말은 꼬셔서 어찌 해보려는 속셈이라는 뜻이다. 조심하란 말도 진심으로 조심하라는 말일 리가 없는 것이, 그런 말을 하는 사람은 항상 음흉하게 웃고 있기 때문이다. 속이지 말라고 말할 때 역시 마찬가지다.

어떤 티베트 중은 나에게 재미있는 이야기를 해주겠다며 이렇게 말했다.

"옛날에 스님 셋이 강을 건너는데 물살이 세서 한 가지 꾀를 생각해 냈대. 그게 뭐냐면, 뒤에 있는 스님이 앞에 있는 스님 항문에 성기를 집어넣고, 또 그 앞의 스님은 그 앞의 스님 항문에 성기를 집어넣는 거야. 그러면 물살에 떠내려가지 않고 강을 건널 수 있겠지. 그런데 제일 앞에 있는 스님은 누구 항문에다가 성기를 집어넣지?"

황당해서 할 말을 잃은 나에게 지가 묻고 지가 대답한다.

"네 항문에다 집어넣는 거야. 하하하!"

"이 미친 새끼가…… 쯧쯧……."

나는 눈알을 부라리고 혀를 찰 뿐.

언제나 동성애 쪽으로 생각이 돌아가는 티베트 중들의 동성애 강박증. 나는 그것이 정말 지긋지긋했다.

사실 강박증으로 말할 것 같으면 동성애에만 국한되지도 않는다. 대부분 동성애자 티베트 중들은 또 양성애자이기도 하다. 아니, 온갖 잡성애자라고 해야 할까? 그들은 대상을 가리지 않는다. 남자 스님을 보고도 섹스를 생각하고, 여자 스님을 보고도 섹스를 생각하고, 아이를 보고도, 어른을 보고도, 심지어는 쭈그렁 노인을 보고도 섹스를 생각한다.

한 번은 육십 세도 넘어 보이는 서양의 늙은 여스님 한 분이 티베트 승복을 입고서 우리가 논쟁 수업하는 것을 보러 왔다. 그녀가 불교에 대한 존경심에 가득 차서 다소곳한 모습으로 이리저리 옮겨 다니며 논쟁을 관람하는 모습을 보며 어떤 티베트 중들은 그녀를 대상으로 섹스 농담을 하고 낄낄거리고 있었다. 지독한 혐오가 치밀어 올라 나는 그날 이 문제에 대한 장문의 글을 영어로 작성했다. 인쇄해서 사원의 게시판에 붙여 놓을 생각으로. 그러나 비겁하게도 결국 실행하지는 못했다.

나는 차라리 그들이 나가서 짝을 찾았으면 좋겠다. 그러면 이렇게까지 추하게 되지는 않을 텐데…… 이렇게 추하게 되느니 나가서 섹스를 하는 것이 낫지 않을까? 섹스를 하지 않고서 그렇게 많은 시간과 대상들을 오염시키느니 섹스를 하고서 나머지 시간을 아름답게 만드는 것이 낫지 않을까?

물론 나는 섹스 자체는 추하다고 생각지 않는다. 나는 그것을 아름답다고 느낀다. 추한 것은 바로 강박증이다.

뉴스를 보면 천주교 신부들의 아동 성추행 문제도 심각한 것 같다. 그런데 결혼 대신 아동 성추행을 선택하는 것이 과연 더 고귀하고 지혜로운 일일까?

그러나 나는 동성애자 티베트 중들을 미워할 수는 없다. 왜냐하면, 그들은 피해자이고, 불행한 삶을 살고 있기 때문이다. 그들은 스스로 중이 되기를 선택한 적이 없다(전부는 아니지만 대부분이). 아무것도 모르는 어린 나이에 절에 보내져서 다른 삶을 선택할 기회가 없었다. 물론 언제라도 환속을 하면 되고 실제로 많이들 환속하지만, 어릴 때부터 길든 절 집안을 떠나 잘 알지도 못하는 거친 세속으로 나이 먹고서 뒤늦게 나간다는 것도 사실 가혹한 일일 뿐이다.

자신이 어떤 인생을 꾸려나갈 것인지 결정할 당연한 권리를 그들은 박탈당했다. 자신의 인생을 처음부터 빼앗긴 것이다.

어느 누가 감히 남의 인생을 빼앗을 권리를 가지고 있단 말인가?

승려가 되는 것이 설령 대단히 좋은 일이라고 치더라도 그것이 아주 특수한 가치관과 생활방식을 요구하는 이상 누구에게나 좋은 일이 될 리가 없고, 스스로 선택하지 않은 경우라면 더더욱 좋은 일이 되기 어려울 것이다. 그것은 좋고 나쁘고를 떠나 아예 진정한 삶이 아니요, 그저 엉거주춤한 연극, 애처롭게 버려진 시간이다.

이 애처로운 꼭두각시들을 위해 누구에게 화를 내야 할까? 그들을 절에 보낸 무지한 부모? 그 부모들에게 무지를 심어주고 그러한 행위를 용인한 사원의 라마들?

모르겠다. 그저 가슴이 답답할 뿐…….

12

땐진닥빠

땐진닥빠(신변 보호를 위해 그의 이름은 여기서 가명을 사용한다.)는 IBD가 배출한 놀라운 두뇌의 소유자다. 그는 몇 년 동안이나 강의를 듣고 매일같이 논쟁수업을 해도 전혀 발전되는 모습을 보이지 않았다. 그는 초등학생도 쉽게 이해할 수 있는 아주 단순한 것들조차 이해를 못 하고, 그가 논쟁하는 내용을 듣다 보면 너무 웃겨서 사람들이 배꼽 빠지게 웃곤 하는데, 그는 이상하게도 사람들이 와르르 뒤집어지는 이유가 자신이 바보 같은 말을 했기 때문이라는 사실을 전혀 알아차리지 못한다. 그는 단지 지식이나 논리적인 부분에서만 떨어지는 것이 아니라 전체적으로 사리분별 능력이 많이 떨어진다.

어느 날 그가 내 방에 와서 같이 이야기를 나누고 있었다. 내가 그 당시(서른한 살 때)엔 아직 수염이 전혀 없는 상태였기 때문에 수염이 좀 있었으면 좋겠다는 얘기가 어쩌다 나왔다. 그랬더니 그가 자기한테 방법이 있다고 한다. 이번에도 나는 역시 그 방법이라는 것을 절대로 묻고 싶지 않았다. 스님들끼리 '하면' 죄가 안 된다고 말했던 작자가 바로 이 작자다. 이 작자의 입에서 또 무슨 말이 나오려는가 싶어 두려움에 떨고 있는 내게 그가 역시 평생 기억이 남을 만한 명언을 씨불였다.

"나처럼 수염이 많은 사람하고 뽀뽀를 하면 수염이 자라게 돼."

'커헉!'

그는 농담이 아니라 내가 정말로 믿기를 기대하고서 그 말을 하고 있었다. 이런 종류의 모자라고 골 때리는 언행들을 이 사람 저 사람으로부터 수없이 들었는데, 그 모든 이야기를 모아서 '땐진닥빠 언행록'을 작성해 두지 않은 것이 좀 후회가 된다.

하여간 그의 언행을 보면 정신연령이 한 열 살 이하쯤 되지 않을까 생각되는데, 그 자신은 자기가 대단히 어른스럽다고 생각한다. 실제로 그가 바보 같은 소리만 안 하면 상당히 어른스러워 보이기도 한다. 그의 나이가 정확히 몇 살인지는 아무도 모른다. 얼굴을 보면 마흔 살도 넘어 보이는데 본인은 항상 스물다섯 살이라고 주장한다. IBD에 입학한 첫해, 즉 2004년도에 스물다섯 살이라고 했는데 3년 후에도 스물다섯 살이고 5년 후에도 여전히 스물다섯 살이다. 요즘엔 물어보면 몇 살이라고 대답하고 있는지 모르겠다.

그가 스물다섯 살이라고 주장하는 이유는 티베트에서 넘어올 때 만든 가짜 신분증에 그렇게 기재돼 있기 때문이라는 얘기가 있다. 신분증에 나이가 기재되면 몇 년이 지나도 계속 그 나이여야 한다고 생각한다면 정말 황당하지만 딱 그의 정신 수준을 보여주는 이야기다.

한국인의 정서로는 남자가 자기 나이를 친구에게 속인다는 것은 잘 이해가 안 되는 일인데, 그 점에서는 몽골 사람들 역시 마찬가지인 모양이다. 우리 반의 몽골 스님 중 한 명은 "나이를 속이는 남자가 대체 어디 있어?" 하고 그에게 종종 핀잔을 주곤 했다. 하여튼 그의 나이를 아는 사람은 아무도 없지만 다들 나(74년생)하고 비슷하든지 조금 많든지 그럴 거로 추측하였다.

하여튼 땐진닥빠는 조금만 이야기를 나눠보면 많이 모자란 사람이라는 것을 누구나 금방 알아차릴 수 있는 그런 사람인데, 그러나 그 자신은 언제나 자신이 최고라고 항상 확신한다. 공부도 학교에서 제일 잘하고, 외모도 최고로 잘생겼고, 운동도, 논쟁도, 무엇이건 다 자기가 최고다. 그중에서도 가장 웃기는 것은 영어다. 발음이 너무 희한해서 영어를 한답시고 한마디 하면 듣는 사람들은 다 뒤집어지곤 한다. 예를 들어 그는 언더스탠드(understand)를 억양도 희한하게 '안다사탄다' 뭐 이런 식으로 발음한다. 이런 황당한 발음을 가지고서 외국인과는 당연히 가장 간단한 대화 몇 마디조차도 가능할 리 없다. 비록 그가 외국인과 영어로 대화 나누는 모습을 목격한 적은 한 번도 없지만 말이다. 회화는커녕 독해나 작문도 어려운 수준이고, 아는 단어도 중학교 애들 수준 정도도 안 되는 것 같은데, 그런데도 불구하고 외국인과 영어로 대화하는 데 거의 불편함을 느끼지 못할 정도의 상당한 실력을 갖춘 사람들 앞에서도 자기 영어가 더 낫다는 듯 잘난 체를 하거나 상대보고 발음이 나쁘다는 둥 문법이 형편없다는 둥 핀잔주는 모습을 보면, 이런 광경이 눈앞에서 실제로 벌어지고 있다는 사실이 그저 놀라울 따름이다.

그는 사람들을 훈계하기를 좋아한다. 그래서 그의 한 가지 별명이 바로 '훈계(랍자)'다. 기회만 있으면 사람들에게 일장연설을 하곤 하는데, 그러면서 으레 자신의 위대한 모습에 도취하곤 한다. 한 번은 그가 반 친구들에게 일장연설을 한 후 이렇게 말한 적이 있다.

"말을 이렇게 잘하는 사람을 보면 부러움이 일어날 수밖에 없을 거야. 어떻게 부러워하지 않을 수 있겠어?"

그러면서 자기만족에 겨워 의기양양하였다.

물론 그의 훈계 내용은 유치하기 짝이 없고, 훈계 받는 상대보다 자기가 더 못한 경우가 대부분이다.

그는 논쟁을 일단 시작했다 하면 그칠 줄을 모른다. 그래서 그의 또 다른 별명이 바로 '네버엔딩'이다. 또 그는 상대가 어떤 대답을 하건 상관없이 그 모든 대답에 언제나 즉각적인 반박이 가능하다. 내 생각에 그런 일은 전지전능한 신에게만 가능한 일일 텐데 말이다.

아무리 실력이 좋고 논쟁수업 시간에 항상 열심히 연습해온 사람일지라도 논쟁을 하다 보면 간혹 상대의 대답에 어떻게 반박해야 할지 얼른 떠오르지 않아 시간을 끌게 마련이다. 그러나 땐진닥빠는 절대로 단 1초도 막히는 법이 없다. 왜냐하면, 그는 상대가 뭐라고 말하는지, 또 자기가 반박하려는 말에 일리가 있는지 없는지 따위에 대해서는 전혀 신경 쓰지 않고 그저 자기가 말할 차례에 머리에 떠오르는 대로 입에서 나오는 대로 그냥 무조건 쏟아내기 때문이다. 그러므로 이것은 사실 전혀 논쟁이 아니다. 내용을 모르는 사람이 보기엔 비록 대단한 논쟁이 진행되고 있는 듯이 보이긴 해도.

단체 논쟁을 할 때면 그는 수많은 사람이 지켜보는 가운데서 주인공이 되어 자신의 논쟁 실력을 뽐내는 것을 대단히 좋아한다. 단체 논쟁이 있을 경우엔 나서서 논쟁하는 사람들은 당연히 논쟁 학습이 되고, 옆에서 경청하는 사람들 역시 자기가 생각지 못했던 것들을 듣고 새로운 이해를 얻거나 좋은 아이디어를 떠올리거나 자신은 저 상황에 어떻게 대답할지, 또는 어떻게 반박할지를 생각하며 어떤 식으로든 공부가 된다. 그러나 땐진닥빠가 나와서 원맨쇼를 하고 있으면 그 시간은 그 그룹의 모든 사람들에겐 그냥 버려지는 시간이다. 그래서 나처럼 성격 나쁜 사람은 속으로 화가 부글부글 끓을 때가 많은데 희한하게도 우리 반 친구들은 모두 천사들뿐인지 땐진닥빠의 쇼 타임을 그저 웃고 즐길 뿐이다.

단체 논쟁에 대비해서 같은 그룹에 속한 학생들이 한 데 모여 아이디어를 모으는 시간이 있는데, 이때도 역시 언제나 땐진닥빠의 독무대다. 대부분의 사람들은 땐진닥빠의 벌떼 같은 맹공이 두려워서 땐진닥빠가 입을 열면 상대를 잘 안 하려 한다. 그러나 누군가는 책임감을 느끼고 단체 논쟁에서 쓸 논쟁거리를 만들어야 하므로 뭘 좀 만들어 보려 애쓰던 한두 명은 땐진닥빠의 맹공에 그 시간 내내 쩔쩔매고 있고, 나머지 사람들은 구경하거나 혼자 공부를 하고 있거나 하는 게 보통이다. 그런데 한 몇 달 정도 프랑스 사미니인 고담이 땐진닥빠와 같은 그룹이던 때가 있었는데, 그때가 참 볼 만 했다. 고담은 머리가 좋아 항상 배우는 내용을 잘 이해하고 있었고, 성격도 활발하고 당돌해서 논쟁에 참여하기를 좋아하고, 모든 사람이 두려워하는 땐진닥빠에게도 전혀 주눅 들지 않고 핀잔을 날려대곤 했다. 가뜩이나 성질 사나운 땐진닥빠가 얌전하게 당하고만 있을 리 없다. 그래서 단체 논쟁에 대비한 논의 시간은 언제나 처음부터 끝까지 땐진닥빠와 고담 간의 귀 따가운 언쟁으로 채워졌다.

땐진닥빠는 고담을 엄청나게 미워했다. 하루는 으레 땐진닥빠와 고담의 시끄러운 논쟁이 벌어지고 있었는데, 땐진닥빠가 고담에게 훈계조로 한마디 하였다.

"질투할 필요 없어. 여자는 본래 남자보다 못한데, 더구나 나 같은 사람보다 못한 것은 창피한 일이 아니지. 잘하는 사람이 있으면 그 사람한테 배울 생각을 해, 질투하지 말고. 질투하는 것은 어리석은 짓이라고."

그러자 기가 막힌 고담이 딱 그렇게 말할 것 같은 말을 내뱉었다.

"너를 질투할 정도면 자살을 해야지."

모두가 킥킥거리고, 땐진닥빠는 "자살해!" 하고 버럭 소리를 질렀다. 나는 그게 더 웃겼다.

"자살하라고! 가서 자살해!"

그러면서 땐진닥빠는 온갖 상관이 없는 이야기들로 고담에게 인신공격을 하기 시작했다. 그러자 고담 역시 그동안 속에 담고 있던 땐진닥빠에 대한 불만을 쏟아냈다. "너 때문에 모든 사람들이 시간 낭비한다, 넌 자신이 대단한 줄 아는데 사람이 너보고 비웃는 거 모르냐, 넌 너무 멍청해서 아무것도 이해를 못 한다, 모르면 제발 입이라도 다물고 있어라." 뭐 그런 얘기들이다. 하여간 땐진닥빠와 고담의 언쟁 역사상 최악의 말다툼이 있었고, 그날 이후론 당돌하기 그지없던 고담 역시 땐진닥빠를 두려워하기 시작했다. 물론 그룹도 바로 다른 그룹으로 옮겨갔다.

땐진닥빠가 자주 화를 내고 사람들과 자주 싸우기는 해도 성품 자체가 악한 것 같지는 않아 보인다. 싸우고 나서 원한을 갖는 경우도 거의 없고(고담에게는 예외지만) 욕심도 별로 없고, 어려운 사람을 보면 적극적으로 도우려 든다. 물론 그것도 어느 정도는 '난 이렇게 훌륭한 사람이야.'라는 아만과 명예욕에서 비롯된 것일 수 있겠지만 말이다.

그의 문제의 대부분은 지나친 아만에서 비롯되는 것 같다. 화를 자주 내는 이유도, 자신이 공경 받아야 할 기대치가 너무 높게 설정되어 있기 때문에 거기에 결코 부응해줄 수 없는 현실이 그에게 스트레스와 화의 원인이 되는 것일 테고, 매일 강의를 듣고 사람들과 논쟁 훈련을 해도 조금도 발전되지 않는 이유 역시, 그가 상대방을 무조건 자기 발아래로 보아서 상대의 말을 전혀 고려하지 않고 오직 자신의 머리에서 나온 생각이나 입에서 나온 말만 전적으로 신뢰하기 때문일 것이다.

그렇다고 그에게 일관된 자기 논리나 철학이 있는 것도 아니다. 왜냐하면, 오늘 백 퍼센트 확신을 갖고 주장했던 것을 다음날이면 완전히 잊어버리고 그와 정반대의 것을 또 백 퍼센트 확신을 하고 주장하기 때문이다. 그래서 어떤 친구는 그에게 이렇게 비꼬곤 했다.

"이 말은 백 퍼센트 진실이야. 왜냐하면, 땐진닥빠의 입에서 나왔거든."

그런데 땐진닥빠는 이런 말도 자기를 칭찬하는 말로 알아듣는다.

한 가지 재밌는 사실은, 땐진닥빠 뿐만 아니라 자기 생각에 대한 확신이 강하고 고집이 센 사람일수록 머리가 나쁘고, 머리가 좋은 사람일수록 자기 생각에 조심스럽고, 실수했을 경우 빨리 인정하고 빨리빨리 수정한다는 것이다.

보통은 티베트불교에서 행하는 논쟁 수업은 근거 없는 무조건적인 자기 확신을 없애는 데 세상 어느 것과도 비교할 수 없는 탁월한 효과가 있다.

대부분 사람들은 자기 머릿속에 떠오른 생각은 무조건 옳다고 여기는 경향이 있다. 그러나 그것은 사실 얼토당토않은 생각이다. 티베트불교에서 논쟁 수업을 하다 보면 이러한 무조건적인 자기 확신은 며칠도 못 가 산산이 깨져 버리게 된다. 왜냐하면, 끊임없는 질문 공세에 대답하다 보면 알고도 틀리고 모르고도 틀리고 수없이 틀리게 되기 때문이다. 자신이 이렇게나 자주 틀릴 수 있다는 것을 직접 경험하고 나면 세상 어디에서도 얻을 수 없는 의식의 극적인 변화가 일어난다. 이것은 값으로 매길 수조차 없는 대단한 보물이다. 돈 백억을 준들 천억을 준들 온 세상의 왕을 시켜준다 한들 이것과는 결코 바꾸고 싶지 않다.

일반 논쟁과 티베트불교식 논쟁이 다른 점은, 일반 논쟁은 아무리 오류가 명백한 주장에 대해서 아무리 훌륭하게 반박한다

하더라도 끝끝내 자기 말이 옳다고 고집하는 경우가 대부분인데, 티베트불교식 논쟁은 그렇게 하기 어렵다는 점이다.

티베트불교식 논쟁은 검사가 피고나 증인 심문하듯이 묻는 말에 단답식으로 대답하게 되어 있고, 묻는 말과 상관없는 다른 얘기를 할 수 없게 되어 있다. 그러므로 이전에 'A는 B다.'라고 대답했다가 이후에 'A는 B가 아니다.'라고 대답하게 된다면 스스로 자신이 틀렸음을 명명백백하게 인식할 수밖에 없다.

그리고 티베트불교식 논쟁은 내가 보기에 지능계발에 대단한 효과가 있는 듯이 보인다. 일반적으로 지능이 계발되는 것은 어린 나이에나 볼 수 있을 뿐 성인이 돼서 지능이 발전하는 경우는 거의 보기 힘든데, 티베트불교식 논쟁을 몇 년간 배워보면 그 과정의 거의 모든 사람의 지능이 큰 폭으로 발전하는 것처럼 느껴진다. 단적인 경우를 들어보자면, 처음 우리 반이 시작됐을 때 반 친구 중의 몇 명은 저능아가 아닐까 싶을 정도로 머리가 나빠 보이는 녀석들이 있었다. 그런데 몇 년이 지나고 나서는 그들을 일반인들과 비교하면 단연 그들이 예리한 지능의 소유자로 보인다.

또 한 명의 좋은 예는, 티베트 우짱 지역 출신의 롭상남갤이라는 스님이다. 그는 처음 1, 2년 동안은 상당히 머리 나쁜 축에 속하는 듯이 보였다. 입학한 지 얼마 안 됐을 때 내가 그와 논쟁하던 도중 그가 도무지 이해를 못 해서 땅에 도형까지 그려가며 설명해 주었던 기억이 난다. 그것은 두 원을 가지고서 어느 하나가 다른 것에 포함되는 관계, 공통되는 부분과 공통되지 않는 부분이 있는 관계, 서로 아무런 관련이 없는 관계를 나타내는 도형들이었다. 이런 것은 초등학생도 쉽게 이해할 수 있는 것인데도 그는 잘 이해하지 못했었다. 그러던 그가 한 4년째부터 두각을 나타내기 시작하더니 우리 반에서뿐만 아니라 학교 전체가 공인하고 혀를 내두르는 논쟁 실력자가 되어 버렸다. 물론 논쟁 실력자가 되기 위해서는 방대한 지식이나 깊은 이해만 가지고서도 안 되고 재빠른 임기응변적 말재주나 예리한 논리적 감각만 가지고서도 안 된다. 그 모든 것이 갖추어져야 누구나가 인정하는 논쟁 실력자가 될 수 있다.

내가 볼 때 티베트불교식 논쟁이 지능을 계발시키는 주요 비결은 바로 검사가 피고 심문하는 듯한 방식, 틀렸으면 틀렸음을 논쟁 양자가 분명히 인식할 수 있도록 고안된 엄격한 논쟁 규칙, 또 가능한 한 여러 다양한 상대들과 번갈아가며 논쟁하도록 하는 데에 있는 것 같다.

질문자가 추궁해 대므로 알건 모르건 반드시 답을 찾아야만 한다. 아무리 생각이 안 돌아가고 생각하는 게 귀찮아도 어쩔 수 없이 안 돌아가는 머리를 억지로라도 굴려야 한다. "대답해! 대답하라고!" 하면서 계속 답을 요구하기 때문이다. 그러다 틀리면 틀린 것이 또 명백하게 드러나므로 틀린 답을 버리고 또 다른 답을 시도해 보아야 한다. 그러니까 어리석음에 머물러 있지 못하고 떠밀려서 자꾸자꾸 향상되어 간다. 이렇게 대답하면 이런 갈래 길이 펼쳐지고 저렇게 대답하면 저런 갈래 길이 펼쳐지고, 이 길로 가면 어떤 이론과 만나고 저 길로 가면 어떤 이론과 만나는지, 어떤 식으로 대답하면 곤경에 처하고 어떤 식으로 대답하면 술술 풀리는지 등의 직접 경험을 통해서 논리적 감각과 어떤 주장이 어떤 이야기들과 어떻게 연결되는가 하는 지도를 넓게 조망해서 전체적으로 더 합리적인 주장과 모순된 주장을 가려낼 수 있는 안목 등이 자연히 길러진다. 그러므로 생각 없이 대답하더라도 그 논쟁 과정 자체가 사유 과정이 일어난 것과 비슷하다(물론 그래도 생각하면서 대답하는 편이 훨씬 낫겠지만). 그리고 그것은 일방적인 사유 과정이 아니라 더 낫고 못 한 것이 경쟁해서 그중에 나은 것이 채택되는 사유 과정이고, 내가 혼자서는 결코 얻지 못할 것들을 얻게 해주는 사유 과정이다.

혼자만의 일방적 사유와 여러 다른 의견에 도전받는 사유는 비교할 수 없을 정도로 차이가 크다. 혼자서 백 년을 사유하더라도 별로 나아지지 않을 수 있지만, 자기보다 더 나은 것에 부닥쳐 보면 향상이 일어나기 쉽다. 그리고 웬만큼 어리석은 사람도 논쟁이 어느 정도 길어지면 똑똑한 사람을 깜짝 놀라게 하는 예리한 질문이나 반론을 펼치는 경우가 종종 있다.

본래 어떤 주장에 대해서 당연히 던져야 할 질문만 계속 던져나가면 누구든지 애를 먹일 수가 있는 법이다. 그러나 어떤 사람들에게는 당연히 던져야 할 질문이 무엇인지조차 잘 떠오르지 않는 것 같다.

한 번은 어떤 한국 스님이 "A는 B 때문이다."라고 강력하게 주장을 펴곤 하기에, 내가 A와 B가 어떻게 관련돼 있는지 질문한 적이 있다. 그랬더니 그는 즉시 말문이 막혔다. 이것은 마치 자기가 확실히 이길 것처럼 기세등등하게 대들던 사람이 복서가 생각 없이 그냥 습관적으로 던진 가벼운 잽 한 방에 바로 KO 돼 버린 것과 같은 상황이다. 나는 이때 대단히 어이가 없었다. 그렇게 자주 그렇게 강력하게 주장하는 것에 대해 수많은 탄탄한 근거들을 마련해 놓기는커녕 당연히 날아올 첫 번째 질문에조차 대비한 바가 없었다니…….

또 한 번은 어떤 사람이 내가 뭘 틀렸다고 하기에 "무엇이 틀렸습니까?" 하고 질문한 적이 있다. 그랬더니 무엇이 틀렸는지는 이야기하지 않고서 곧바로 아무 상관도 없는 인신공격이 날아온다.

논쟁할 것이 있으면 오직 내용만 가지고 이야기해야 한다. 처음부터 상대방이 틀렸다고 말해서도 안 된다. 자기가 틀렸을지도 모르는 일이기 때문이다. 아무리 자기가 맞는 게 확실한 것 같아도 처음부터 상대방이 틀렸다고 말할 필요가 없다. 예를 들어 누가 "1 더하기 2는 4다."라고 말했으면 "당신이 틀렸다."라고 말하지 말고 그저 "1 더하기 2는 3 아닙니까?"라고 말하면 된다. "1

더하기 2가 4라면 1 더하기 1은 그보다 하나 적어야 하니까 3이 되겠네요? 그럼 1 더하기 0은 2가 되고요? 1에서 아무것도 안 더했는데 어떻게 하나가 늘어납니까? 그대로 1이어야지. 1 더하기 0이 1이므로 1 더하기 1은 하나가 늘어났으니까 2가 되고 1 더하기 2는 또 하나가 늘어났으니까 3이 되는 겁니다." 이런 식으로 상대 주장의 오류와 내 주장의 근거를 가지고서 오직 내용만을 이야기하면 된다. 그 외의 말들은 필요가 없다.

논쟁 중에 인신공격만 했던 그는 평소에 나에게 악감정이 있던 것도 아니었다. 오히려 우리는 친한 사이였다. 그런데 그는 자신의 주장에 대해 반론을 만나자 자기도 모르게 감정적으로 흥분해서 그렇게 된 것이었다.

감정적으로 흥분할수록 지나친 주장을 하게 되고 지나친 주장을 할수록 논쟁에서 쉽게 지게 되어 있다. 그리고 돌아서면 자신이 흥분해서 추한 짓을 했던 것도 자신의 어리석은 주장들도 모두 부끄럽기 짝이 없다. 그래서 이후부터는 그 상대방 앞에서 작아진다.

나는 한국인의 이러한 모습들을 보면서 어릴 때부터 학교에서 매일같이 논쟁 훈련을 시키면 어떨까 생각하였다. 어릴 적엔 본래 콧물도 흘리고 실수도 많이 하고 부끄러운 경험도 많이 하면서 커가는 것이므로 이 시기에 논쟁 초보자들이 범하는 부끄럽고 어리석은 실수들을 충분히 경험해 보면서 걸러내면 좋을 것 같다. 그렇게 몇 년 동안 논쟁 훈련을 하고 나면 나이 들어서는 노련하고 성숙한 논쟁자들이 되어 있을 것이다. 그렇지 않고 나이 먹고 나서 논쟁을 하려면 보통 힘들고 괴로운 것이 아니다.

또 수많은 다양한 견해와 논쟁해 보는 것은 대단히 중요하다. 바둑을 배울 때 많이 듣는 이야기가 하나 있다. 옛날에 바둑에 미친 두 사람이 산에 들어가서 몇 십 년 동안 매일 바둑만 두고 살았다. 몇 십 년 후 두 사람은 자기들이 대단한 고수가 되었다고 생각하며 산에서 내려왔다. 그런데 다른 사람들하고 바둑을 두어보니 자기들 실력이 형편없고 옛날보다 실력이 거의 늘지 않았다는 사실을 발견하고 충격을 받았다는 얘기다.

맨날 똑같은 짓만 해봐야 맨날 비슷한 수준에 머물 뿐이다. 자기 확신의 경향이 너무 강해서 남의 말을 잘 듣지 않고 유연하게 생각을 달리해 볼 줄 모르는 사람들이 지능이 낮은 이유도 바로 그 때문일 것이다.

그러고 보니 땐진닥빠도 한 번은 자기 고집을 버린 경우가 생각난다. 하루는 땐진닥빠가 모음 '이' 발음을 자꾸 '으'로 발음하는 것을 보고 한 스님이 '까 기구 끼' 해보라고 하였다. 자음 ㄲ에 모음 'ㅣ'를 붙이면 '끼'가 된다는, 티베트 아이들이 처음 문자를 배울 때 배우는 말이다. 땐진닥빠가 의기양양하게 대답했다.

"까 기구 끄."

반 전체가 와르르 뒤집어졌다. 짓궂은 녀석들은 그 뒤로 한동안 땐진닥빠만 보면 '까 기구 끼' 해 보라고 놀려대며 웃었다. 그런데 놀라운 일이 일어났다. 땐진닥빠가 언제부턴가 '까 기구 끼' 하고 제대로 말하기 시작했다는 것이다. 그것은 대부분의 반 친구들에겐 상당한 충격이었다. '땐진닥빠가 발전할 때가 다 있네?' 하고…….

하여간 땐진닥빠는 함께 공부하며 수년 간 동고동락한 모든 사람에게 '어떻게 이런 인간이 존재하는가?', '이것이 정말로 인간인가, 아니면 신의 농담인가?' 하고 경이로움을 느끼게 해준 독특한 인물이다. 그래서 나는 가끔 장난으로 이런 상상을 하기도 했다. 땐진닥빠는 인간들의 어리석음과 추함을 비꼬기 위해 누군가가 만들어서 우리 앞에 내놓은 가짜 인간이 아닐까 하고 말이다.

어찌 보면 그는 인간들 대부분이 가지고 있는 어떤 문제점들을 확대 강조한 버전처럼 느껴지기도 한다. 근거 없는 무조건적인 자기 확신, 제멋대로 자신을 과대평가하는 하늘 높은 줄 모르는 자만심, 발전할 줄 모르는 딱딱한 지능, 이런 것들 말이다.

그러나 이렇게 독특한 캐릭터에는 한 가지 장점이 있다. 세월이 흐르고 나면 함께 지냈던 모든 사람에게 재미있는 추억거리를 선사한다는 점.

3 장

바람처럼

13

바람처럼

몽골 스님 겔렉캐둡은 한 때 나와 가장 친한 친구 중의 한 명이었다. 그는 조용하고, 항상 겸손하고, 상대방을 편안하게 해준다. 몽골인 치고는 별로 크지 않은 편이지만, 그래도 그는 근육질의 건장한 체구를 가지고 있고, 얼굴도 몽골인답게 전사처럼 생겼다. 그런데 성격은 어울리지 않게 수줍음도 잘 타고 몹시 내성적이다. 큰 소리를 들으면 놀라고 가슴이 두근거린다고 큰 소리 나는 것을 싫어하고, 그래서 본인의 목소리도 모기 소리처럼 작다. 나는 가끔 누군가와 함께 산책하고 싶을 때 주로 그를 불러서 함께 다니곤 했다. 대론 시간에도 그와 자주 파트너가 되어서 대론은 하다 말고 사적인 대화를 나누곤 하였는데, 그가 언제부턴가 고향에 돌아가고 싶다는 말을 자주 하기 시작했다. 늙은 어머니는 혼자 시골에서 유목 생활을 하고 계시고, 몽골에 있는 애인은 계속 자기를 기다리고 있다는 것이었다.

"무엇보다도, 나는 결코 계를 지킬 수 없을 것 같아."

그는 가끔 그렇게 말하곤 했다.

그가 내게 어떻게 했으면 좋겠냐고 물어볼 때마다 나는 항상 "가더라도 중관까지는 마치고 가지 그래?" 하고 대답하곤 하였다.

티베트불교의 3대 사원에서는 불교 경론을 20년 정도 배우고, 우리 IBD에서는 16년 배우는데, 대승불교의 올바른 견해를 확립하기 위해서는 최소한 중관까지는 배워야 한다고 말한다. 중관까지 배우는 데는 최소 10년이 걸린다.

나는 그가 어차피 결혼해서 유목민으로 살아갈 사람이 이런 전문적이고 현학적인 이론들을 10년씩이나 배우는 것이 무슨 소용이 있을까 하고 생각하곤 하였다. 그러면서도 집착 때문에 그를 놓아주고 싶지 않았다. 본래 나는 사람에 대한 집착이 별로 없는 편인데, 외국에서 살다 보니 좀 변한 모양이다.

한국에서 승려 생활을 하다 보면, 만나고 헤어지는 게 일상사이기 때문에 사람에 대한 집착이 저절로 줄어들기도 하지만, 나는 태생부터도 아주 매정한 놈이었던 것 같다. 세 살 때 친엄마와 헤어지면서는 울기는커녕 돌아보지도 않더란다. 세 살 먹은 아이가 엄마와 헤어지면서 울지도 않았다면 말 다 했다. 그랬던 사람이 외국에 나오니 외로움을 탔던 것일까?

뭐 어찌 됐든, 내가 잡건 말건 겔렉캐둡은 결국 떠났다. 현재는 페이스북에 그가 올린 아내와 아이의 사진들을 간혹 보며 소식을 접하고 있다.

나와 친한 사람들은 가끔 나에게 내가 너무 매정하다고 당혹스러움을 표현하기도 한다. 하지만 나는 그게 편하다. 또 어차피 평생 고독하게 살아야 하는 사람에겐 그편이 유리하지 않을까 싶다.

내가 나 자신의 티베트 이름을 '바람'이라고 지은 것도 사실 그래서다. 우리는 항상 떠다니고 스쳐 가는 존재라는 사실을 잊지 않기 위해서. 그래서 소유하지 말고, 집착하지 말자고.

또 이 괴로운 세상을 심각해지지 말고 가볍게 지나쳐 버리자는 뜻도 들어 있다.

티베트어로는 '학빠'(학의 정확한 발음은 '흘락'을 한 음절로 발음하면 비슷하게 된다)이다.

내가 티베트 이름을 지은 이유는 티베트어에는 '어'라는 발음이 없어서 '범천'이라는 내 법명을 티베트인들이 잘 발음하지 못하기 때문이다. 어떤 사람들은 '봄첸'이라고 부르는데, 티베트어로 '봄'은 굵다는 뜻이고, '첸'은 크다는 뜻이다. 굵고 큰놈. 꼭 거시기가 연상된다. 장난치기 좋아하는 티베트인들이 이 좋은 먹잇감을 놔두고 용서해 줄 리가 없다. 하도 놀리고 낄낄거려서, 홧김에 티베트 이름을 하나 갖다 붙였던 것이다.

그런데 나중에 알고 보니 학빠라는 티베트 이름은 바람이라는 뜻이 아니라 수요일이라는 의미였다. 발음은 같은데 철자가 다르다. 하지만 벌써 이미 널리 퍼져있는 상태여서 물리기가 뭐했다. 어차피 나중에 티베트불교 계단에서 다시 계를 받을 때 새로 법명을 받을 테니, 그때까지 그냥 쓰기로 하였다.

2006년도에 달라이라마 스님께서 수계식 때 주신 법명은 '땐진렉죄'다. 땐진은 부처님의 가르침을 지닌다는 뜻이고, 렉죄는 말을 잘한다는 뜻이다. 아마도 말을 더럽게 못 하는 나를 위해서 내려주신 처방 같다.

그러나 새로운 법명을 받고 나서도 여전히 대부분이 나를 학빠라고 부른다.

나 역시 이 이름이 좋다. 본래 뜻이야 어떻든 바람이라는 뜻의 학빠와 발음이 똑같으니까 나는 이 이름으로 나를 부를 때마다 '바람'이라는 뜻으로 듣는다.

14

자퇴

티테트인에게 티베트력 4월(티베트어로 싸가다와)은 매우 특별한 달이다. 왜냐하면, 석가모니 부처님의 탄생일을 티베트력 4월 7일, 깨달음을 성취한 날과 돌아가신 날을 모두 티베트력 4월 15일로 치기 때문이다. 그래서 사원에서는 티벳력 4월 1일부터 15일까지 승려 전 대중이 온종일 법당에 모여 기도를 한다. 그런데 이때가 나에게는 방학이다. 학교 수업도 없고, 외국인은 기도에 참석하지 않아도 되기 때문이다.

2010년 싸가다와에 나는 북인도의 고산도시 다르질링을 방문하였다. 본래는 어떤 한국 비구 스님 한 분이(D 스님) 씨킴에 계신 도력 높은 린뽀체 스님 한 분을 만나러 가는데 나보고 통역을 부탁해서 같이 가기로 했었다. 그런데 그 스님과 연락이 끊겨서 만나지 못하고 할 수 없이 씨킴과 가까운 휴양도시인 다르질링에서만 일주일 정도 머물다가 돌아왔다.

만나기로 했던 D 스님은 결국 돌아오는 길에 델리에서 만났다. 내가 델리에 도착하자 그로부터 전화가 왔는데, 그 전까지는 매일같이 수도 없이 전화를 해도 내 핸드폰이 연결이 안 되더라는 것이었다. 그는 핸드폰이 없었기 때문에 내 쪽에서 전화를 할 수도 없었다. 나는 다르질링에서 몇 몇 사람들에게 전화를 받았기 때문에 반신반의했지만, 다람살라에 돌아와서 보니 똑같은 이야기를 하는 사람들이 있어서 거짓말이 아니라는 것을 알았다.

나는 다르질링에서 D 스님과 연락이 안 되자 혼자서라도 씨킴에 갔다 오려고 관공서에 허가서를 받으러 갔다가 거절을 당했다. 그런데 D 스님 얘기를 들어보니 씨킴이 그때 도시 전체가 파업 중이었다. 그는 어떻게 들어갔는지 하여튼 억지로 씨킴에 들어갔다가 아무것도 못하고 나오는 차도 없어서 지나가는 군대트럭을 붙잡아 군인들 사이에 끕사리 껴서 나왔다고 한다.

하여튼 D 스님은 나보고 미안하다고 하면서 여행 경비로 상당히 많은 돈을 건네주었다. 너무 많아서 조금만 받겠다고 해도 다 받으라고 해서 승강이를 하다 결국 사람들 눈치도 보이고 해서 다 받았다. 하필 여러 사람이 지나다니는 게스트하우스 1층 로비였기 때문이다. 외국인만 보면 돈 몇 푼 더 뜯어내려고 온갖 수작을 부리는 인도인들이 보기엔 돈다발을 붙들고서 서로 내놓으라고 싸우는 게 아니라 서로 주려고 싸우고 있는 모습이 희한하게 보였을지도 모르겠다.

다르질링으로 말할 것 같으면, 참 괜찮은 여행지란 생각이 든다. 종종 일어나는 파업만 아니라면. 내가 머물고 있던 때에도 3일간 도시 전체가 파업을 하였다. 파업 첫날 나는 먹을 것을 구하러 한참을 돌아다니다가 길에서 파는 우유를 간신히 사서 먹고는 종일 뱃속에 든 것도 없이 계속 설사만 했다.

하여간 그 해 다르질링은 나에겐 참으로 저주나 다름없었다. 처음 출발하던 날부터 델리행 버스가 도중에 고장이 나 주변에 아무것도 없는 길에서 여덟 시간이나 머물러 있었다. 만나기로 했던 사람은 연락이 두절되고, 가기로 했던 곳에는 가보지도 못하고, 돌아오는 길에 델리에서는 강도를 당할 뻔했다.

델리에서 나는 티셔츠를 하나 사려고 지하 쇼핑센터가 있는 빨리까 바자르에 갔다. 그런데 쇼핑센터는 공사 중이라 모두 문을 닫은 상태였다. 기웃거리는 내게 인도인 한 명이 다가와서 쇼핑을 원하느냐고 묻는다. 그렇다고 대답하자 저쪽으로 가면 큰 쇼핑센터가 있다고 가보라고 해서 알려 주는 방향으로 걸어갔다. 길 중간에서 지키고 있던 인도인이 이쪽으로 가라 저쪽으로 가라 하면서 길을 계속 알려준다. 목적지에 도착하자 쇼핑센터가 아니라 양탄자나 옷, 기념품 같은 것을 파는 큰 가게 하나가 전부였다. 내가 돌아가려고 하자 인도인이 안에 들어가면 다 있으니까 들어가 보라고 한다. 그래서 한 번 들어가 보니 역시 별것 없어서 다시 나오려는 데 가게 주인이 붙잡았다. 지하로 가면 모든 걸 구할 수 있는 시장이 있다고 하면서 나를 탈의실 쪽으로 끌고 간다. 탈의실 안에 들어가서 거울 벽을 밀면 지하로 가는 길이 있으니 그리 가보라 한다. 나는 무슨 시장 가는 길이 이렇게 비밀스러울 리가 있는가 싶어 의심이 들었다. 비밀 통로로 유인해 죽여서 돈을 훔치든지 장기를 빼다 파는 놈들이 아닌가 하는 생각이 들어서 얼른 도망쳐 나왔다.

인도에서는 사람을 납치해 장기를 빼가는 일이 많다. 눈은 특히 가격이 비싸다는 얘기를 들었다. 내가 겨울방학 때마다 한국에서 격투기를 배운 이유 중의 하나가 바로 인도가 이렇게 위험한 곳이기 때문이다. 스님이 무슨 격투기를 배우느냐고 하는 사람들은 그런 일이 있을 때 기꺼이 마취도 없이 눈도 떼 주고 간도 떼 주고 콩팥도 떼 주고 할 자신이 있는 모양이지만, 나로선 도저히 그러한 일을 감당할 순 없을 것 같다.

어떤 사람은 내게 그런 일들은 모두 전생의 죄업의 결과로 일어나는 일이기 때문에 그런 식으로 피할 수 있는 것이 아니라 참회나 기도를 해서 죄업을 소멸시켜야 한다는 주장까지 하였다. 아주 군대도 필요 없고, 경찰도 필요 없고, 소방서도, 병원도, 그 모든 안전시설과 안전대책들도 다 필요 없다고 말할 기세다. 아마 예방주사 따위는 거들떠보지도 않겠지?

이곳의 티베트 스님들 중에는 간염 환자들이 많다. 참회와 기도를 아주 열심히 하는데도 말이다. 그런데 참회와 기도에 소홀한 어떤 사람들은 간염 예방주사를 맞은 덕분에 간염에 걸리지 않는다. 그렇다면 간염에 걸리지 않기 위해서 더 효과적인 것은 어느 쪽인가?

내가 잘했다는 얘기가 아니다. 나는 땡중이다. 인정한다. 다만 인과관계를 헷갈리지는 말자는 얘기다. 부처님의 가르침 중에서 가장 중요한 것 중의 하나가 바로 인과 관계다. 이러한 인과 관계를 잘 판단하지 못하는 어리석은 사람들이 불교를 잘못 이해하고서 스승 노릇을 하면 여러 사람 인생 조진다.

이야기가 다른 곳으로 샜는데, 하여간 다르질링의 저주는 그 이후에도 계속 이어졌다. 고산지대의 강렬한 햇빛을 많이 받고 돌아다녀서 그런지, 얼굴 여기저기에서 시커먼 검댕이 같은 게 올라오기 시작하였다. '좀 지나면 사라지겠지.' 하고 생각했는데, 검댕들이 자꾸 더 생겨나고, 있던 것들은 크기가 계속 자라났다. 손으로 떼어내면 끈적끈적하게 떨어지는 것도 있었고, 저녁때 떼어낸 자리가 다음 날 자고 일어나 보면 다시 덮여 있기도 했다. 길을 가다 보면 얼굴이 도대체 왜 저런가 싶어 희한하게 계속 쳐다보는 사람이 있을 정도로 얼굴이 끔찍하게 변해 버렸다. 아무리 장가갈 생각 없는 사람이라곤 해도 거울을 볼 때마다 정말 심란했다.

그러다 하루는 인터넷을 보다가 피부암에 대한 기사를 보고서 겁이 덜컥 났다. 내가 혹시 피부암인가 싶어서 말이다. 그래서 검사를 받으러 한국에 들어가야겠다는 결정을 갑자기 하였다. 그때가 IBD 학과 과정의 7년째 해에 보는 반야부 졸업시험을 앞둔 때였기 때문에 어려운 상황이었지만, 학교에 병가를 내고서 9월 중순쯤에 한국에 들어왔다.

호르몬 이상일지도 모르겠다 싶어 먼저 내과에 가보니 별 얘기는 안 해주고 한 가지 놀라운 검사 결과가 나왔다. 본래 나는 남성 호르몬이 적어서 병원에서 정기적으로 약을 타다 먹었었는데 여드름 때문에 몇 달 동안이나 약을 끊은 상태였는데도 불구하고 남성 호르몬 수치가 정상인들과 비슷하게 나왔다는 것이다. 그 뒤로 다시 검사를 받아보진 않았지만 이제 거의 정상이 되지 않았는가 싶다. 현재는 수염도 제법 굵어져 있다.

피부는 치료받고서 나아졌지만, 그 뒤로 몇 년이 지나서도 지저분한 흔적들이 조금씩 남았다.

치료 때문에 한국에 와 있는 동안 졸업시험 공부를 해야 했는데 아무래도 이런저런 일로 시간을 많이 빼앗기고, 다람살라에 있을 때보다 한국에 있을 때 집중하기가 훨씬 힘들다.

졸업시험은 반야부 6년 과정 동안 배운 모든 내용을 필기시험 다섯 번, 논쟁 시험 두 번에 걸쳐 치르기 때문에, 준비해야할 양이 엄청나게 많다. 그런데 봐야 할 책과 자료도 충분히 가져오지 못했다.

IBD에선 졸업시험뿐 아니라 매년 연말에 시험을 쳐서 낙제자를 유급시킨다. 우리 반에도 윗반에서 유급된 학생이 두 명 있었다.

필기시험은 제시된 열 두어 가지 문제 중에 열 가지를 선택해서 세 시간 안에 써내는 방식이다. 대체로 한 문제마다 최소한 A4 용지 반에서 한 페이지 정도는 써야 하고, 때로는 세 페이지 정도를 써야 할 때도 있다. 그러므로 시간이 부족해서 몇 개 못 쓰는 일이 없도록 짧게 쓸 수 있는 답부터 먼저 다 써 놓고 나서 그다음에 긴 답을 써야 하고, 한 가지 답 중에서도 상대적으로 중요하지 않은 내용은 나중에 다시 보충할 공간을 남겨두었다가 다른 답들을 모두 작성한 이후 마지막에 다시 보충해 넣는 편이 유리하다.

논쟁 시험은 제비뽑기로 뽑힌 사람을 한 명 앉혀 놓고 그다음으로 뽑힌 사람이 가서 논쟁을 거는 방식이다. 논쟁의 주제는 역시 제비뽑기로 뽑힌 두 가지 중에서 한 가지를 선택한다. 15분 동안 논쟁한 후 논쟁을 주도했던 사람이 이번엔 대답하기 위해 가서 앉으면 마찬가지로 제비뽑기로 뽑힌 다음 타자가 나와서 그에게 논쟁을 건다.

대부분의 사람들은 요령을 몰라서 논쟁시험이야 어떤 논제가 걸릴지도 모르고 상대가 어떻게 대답할지도 모르니 그저 평소 하던 대로 할 뿐 어떻게 따로 준비할 수 있느냐고 하지만 나에게는 방법이 있다. 어떻게 대답할지 모른다고 하지만 상대가 할 수 있는 대답은 한편으론 한정돼 있기도 하다. 그러므로 가능한 모든 대답마다 그다음 수를 준비해 두면 된다. 물론 논쟁이 진행될수록 가능한 경우의 수가 대단히 많아지므로 치밀하게 준비해 두려면 대단히 골치 아프고 오랜 시간이 필요하다. 그러나 우리말도 아닌 외국말로 즉흥적으로 막힘없이 논쟁을 한다는 것은 나로선 절대 쉽지 않은 일이므로(땐진닥빠처럼 내용은 신경 안 쓰고 아무렇게나 한다면 얼마든지 하겠지만) 이런 준비를 해 놓지 않을 수가 없다.

사실 티베트 스님들조차 논쟁 중에 말문이 막혀서 "어…… 음…… 어……" 하며 긁적긁적 하기 일쑤다. 그러면 관람하던 모든 사람이 "하하하!" 하고 웃는다.

티베트 식 논쟁은 어떻게 보면 바둑과 유사한 면이 있다. 상대가 어떤 수를 두면 내가 어떤 수를 두고, 그다음에 상대가 어떤 수를 두면 내가 또 어떤 수를 둔다는 바둑의 수읽기 적 사고방식이 분명히 나의 논쟁학습에도 영향을 미쳤으리라 생각한다.

논쟁의 시나리오를 치밀하게 몇 개 짜 놓고 나면 그다음엔 어떤 논제가 나오더라도 그중의 하나로 연결해 갈 수 있는 길을 마련해 둔다. 이것은 별로 어려운 일이 아니다. 왜냐하면, 한 가지 진실은 본래가 다른 모든 진실과 연결돼 있고, 배우는 내용도 역시 이 부분과 저 부분이 다 연관돼 있기 때문이다. 혹시 자연스럽게 연결이 잘 안 된다면 뭐, 억지스럽게라도 이행해가면 그만이다.

나는 논쟁시험을 항상 이런 식으로 준비해 왔고, 거의 항상 시나리오대로 논쟁이 매끄럽게 진행되곤 했다. 물론 대답하는 사람이 만약 내가 준비한 시나리오에 대해 아무런 대답을 가지고 있지 못하다면 모든 준비는 수포가 된다. 졸업시험에서 바로 그런 일이 일어났다. 나의 논쟁 상대는 나이가 가장 많은 공부를 잘하지 못하는 스님이었다. 그런데 하필 제비뽑기로 뽑은 논제도 두 가지 다 최고로 난해한 문제였다. 나는 망했다는 것을 직감했다. 나의 예상대로 나의 논쟁 상대는 대답을 하는 시간보다 머리를 긁적긁적하는 시간이 더 많았다. 15분이 별것 아닐 것 같아도 막상 시험 치는 사람 입장에서는 엄청나게 길게 느껴진다. 더군다나 이런 난처한 상황에서라면.

나는 논쟁을 할 때 자주 심하게 떨리는 증세가 있어서 논쟁을 몹시 두려워하곤 하는데, 이상하게 시험 볼 때만 되면 평소의 떨리던 것도 싹 없어지곤 하였다. 이때도 다행히 떨리는 현상은 없었지만, 식은땀이 막 흐르고, 어떻게 논쟁을 이끌어 갈지 머리를 쥐어짜느라 무지하게 시간이 길게 느껴졌다.

사실 좀 유치하긴 하지만 기왕이면 졸업시험 1등은 아니더라도 3등 안에는 들고 싶은 마음이 있었다. 2006년도엔 1등을 하였고, 시험 볼 때마다 항상 상위권에 들긴 했지만 이번엔 사실 기대하기 어려운 상황이었다. 그래도 상중하 세 부류 중의 상위권 성적으로 무사히 반야부 졸업장을 취득하였다.

반야부 과정 이후에는 중관 3년 과정이 이어진다.

졸업시험 결과는 다음 해에 나올 것이지만, 패스했다는 확신이 있었기 때문에 나는 자퇴서를 들고 교장 선생님을 찾아갔다. 중관은 비정규 학생으로 청강만 하면서 공부할 생각이었다.

교장인 갠담최 스님께서는 연세가 많으신 자비로운 배불뚝이 할아버지 스님이시다. 내가 찾아가서 자퇴서를 내밀자 읽어보시더니 고개를 숙이고 한동안 뜸을 들이신다. 뭐라고 할까 생각하시는 모양이었다. 잠시 후 고개를 들고 왜 자퇴를 하려느냐고 물으신다. 여러 가지 이유가 있었지만 그중에 가장 큰 이유는 매일 두 번 있는 논쟁 수업 때문이었다. 7년이나 매일 같이 해왔어도 나는 여전히 논쟁에 적응이 되지 않았다. 화도 자주 나고, 떨리는 증세도 전혀 호전될 기미가 없고, 너무 지겹기도 해서 하루하루가 고역이다. 그러나 스님께는 그냥 몸이 자주 아파서 학교 규율을 따라갈 수가 없다고 대답하였다. 그러자 가끔 힘들면 병가도 내고 하여튼 좀 더 견뎌볼 수 없느냐고 하신다. 내가 뭐라고 할까 생각하자 다시 말씀이 이어졌다. 중관 과정은 가장 중요한 부분이라 반드시 공부를 해야 한다는 등의 말씀이었다. 내가 청강으로 열심히 공부하겠다고 대답하자, 스님께서는 학교 규율 속에 있어야 억지로라도 되는 것이지, 지금은 열심히 할 것 같아도 막상 자유로워지면 공부하기가 쉽지 않을 거라고 하셨다.

좀 더 생각해보고 결정하라는 말씀에 결국 그러겠다고 하고 물러 나왔다. 그러나 다시 생각해 볼 마음은 전혀 없었다. 이미 오랫동안 고민해왔고 확고히 결정 내린 상태였다. 다만 어른께서 그렇게 말씀하시는데 생각해보는 척이라도 하고 일단 물러나야 예의라고 생각해서 그랬다.

며칠 기다렸다가 다시 자퇴서를 들고 찾아갔다. 그러자 이번엔 스님께서 상당히 괴로운 얼굴이 되셨다.

"너도 잘 알겠지만 공부하고 싶어도 머리가 안 따라줘서 못하는 사람 많잖아. 그 사람들 얼마나 스트레스받고 힘들게 따라가려고 애쓰고 있니. 그런 사람들도 그렇게 억지로라도 버티는데 너는 머리도 좋고 공부도 잘하면서 왜 그래. 한국 사람들도 너한테 기대 많이 하고 있다고 들었는데, 여기서 공부 잘해서 게시(불교학 과정을 모두 이수하고 나서 최종적으로 시험 쳐서 따는 일종의 박사 학위)도 따고 하면 좋잖아. 나중에 한국 돌아가서 수많은 한국인에게 이익도 줄 수 있고, 너를 위해서도 요새는 증명서가 있어야지, 증명서가 없으면 안 된다니까."

어쩜 이렇게 한국인들 하는 소리 비슷하게 하시는지 속으로 웃음이 나왔다. 문밖에서 엿듣고 있던 게꾀(규율장)가 들어와서 한마디 한다.

"사무실에서 중관반 청강 허락할지 안 할지 모르니까 다시 알아보고 나서 결정해. 성급하게 결정 내렸다가 나중에 청강 안 된다고 하면 어쩌려고."

그러면서 팔을 끌고 나간다.

사실 사무실에서 청강을 허락하지 않을 리는 없다. 허락이고 뭐고 아무나 들어와서 수업을 듣는 게 바로 IBD의 교실이다. 그저 시간을 더 끌어보려는 심산이겠지.

그런데 희한하게 확실히 결정 내렸다고 생각했던 고집불통이 생각이 좀 바뀌었다. '그럼 조금 더 버텨볼까?' 하는 생각이 들었다. 그러나 어쨌든 치료도 더 필요하고 좀 쉬고 싶어서 이번 겨울엔 한국에 좀 오래 머물고 싶었다.

며칠 뒤 겨울방학과 병가를 합쳐서 석 달 간의 휴가를 달라는 요청서를 써서 게꾀에게 갔다. 게꾀는 본인이 결정내릴 수 없다며 교장 선생님께 나를 데리고 간다. 그러나 스님께서는 내가 그해에 너무 많은 병가를 냈던 터라 이번은 안 되겠다고 하셨다. 그리고 나는 미리 주머니 속에 준비해 둔 자퇴서를 꺼내 내밀었다.

"그렇다면 저는 자퇴하겠습니다."

이렇게까지 나오는 데야 어쩌실까, 결국 자퇴서는 수락되었다.

15

번역

IBD를 자퇴하고 나서 2011년에는 오전의 중관반 강의만 듣고 오후에는 영어 학원에 다녔다.

2012년부터는 오후 시간에 본격적으로 번역을 하기 시작했다. 번역을 해 보니까 가장 많이 듣는 소리는 너무 어렵다는 불평이다. 나로선 최대한 쉽게 번역한다고 번역하는데 그런 소리를 자꾸 들으니 참 난감하다.

번역자의 능력에 따라 상대적으로 더 쉽게 번역할 수도, 어렵게 번역할 수도 있겠지만, 한 가지 착각하지 말아야 할 점은 아무리 좋은 번역이라도 원본보다 쉬워질 수는 없다는 것이다. 만약 고등학교 수학책을 번역했더니 초등학생이 보고 쉽다고 한다면 어떤 일이 벌어진 것일까? 고등학교 수학이 다 날아간 것임이 틀럽없다. 마찬가지로 원본보다 쉬워졌다면 그것은 번역이 아니라 사기임이 분명하다.

그런데 여기서 불교 공부를 어떻게 하고 있는지 한 번 생각해 보자. 매일 아주 조금씩 배운 것을 가지고 하루 몇 시간씩의 논쟁과 자습을 통해 씹고 또 씹어 가며 공부를 한다. 이렇게 머리 터지게 십 년, 이십 년을 공부하고서도 어렵다 한다. 그런데 처음 보는 사람이 공부도 안 하고서 쉽도록 번역해 달라고?

번역은 번역이지 창작이 아니다. 시 같은 것이야 새로운 창작이라는 말도 있지만, 학문 서적을 번역할 때는 무엇보다 정확성을 벗어나지 않는 것이 최우선이다. 원본이 어렵다면 아무리 쉽게 번역해도 어려울 수밖에 없다. 그보다 더 쉽게 되기를 원한다면 번역이 아니라 본인이 새롭게 저술하는 방식을 택해야 할 것이다.

그리고 뭐든지 새로운 것을 배울 때는 항상 어렵게 느껴지기 마련이다. 우리가 초등학교에서부터 학문을 배워오면서 어렵지 않았던 적은 한 번도 없다. 어려운 것을 배우면서 실력이 늘어가는 것이지, 만약 어떤 것을 처음 보고서 그것이 자기한테 쉽다면 그것은 자기 수준 이하일 뿐이다. 그런 것을 통해 발전은 기대할 수 없다. 그런데 요즘 사람들은 너무 쉬운 것만 요구하는 것 같다.

두 번째로 많이 듣는 얘기는 용어 문제다.

용어를 잘 선택하는 일은 번역에서 가장 중요한 문제 중의 하나다. 그러나 어려운 용어는 무조건 쉬운 말로 바꿔야 한다고 생각하는 것은 전혀 잘못된 생각이다.

불교뿐만 아니라, 모든 학문엔 전문용어가 있다. 아니, 학문뿐만 아니라 스포츠건 건축업이건 부동산이건 보험이건 세무건 세상의 온갖 분야란 분야는 모두 익숙하지 않은 사람들이 보기엔 어렵고 낯선 용어들로 넘쳐난다.

한 번은 부동산에 대해 좀 알아보려고 책을 사서 보았더니 무슨 어려운 용어들이 그리 많은지 머리가 다 아파 죽겠다. 부동산에 쓰이는 용어들에는 무슨 심오한 내용이 담긴 것도 아닌데 말이다. 그저 실제 생활에 필요해서 수없이 써야 하는 말들인데도 그렇게 어려운 말들로 넘쳐난다. 그런데 이상하게도 부동산이나 보험이나 세무 등등의 분야들에 있는 골치 아픈 용어들에 대해서는 어려운 말을 썼으니 잘못됐다고 생각하는 일이 없는데, 심오한 내용을 담은 불교나 철학의 용어들에 대해서는 용어가 어려워서 잘못됐다고 하는 사람들이 많으니 이게 도대체 어찌 된 일일까?

전문용어가 존재하는 이유는 공연히 어렵게 만들기 위해서도 아니고, 그 분야의 전문가들이 어리석어서도 아니고, 용어 문제를 고민하는 데 게을러서도 아니다. 그저 반드시 필요하여서 쓰는 것이다.

예를 들어 헬륨, 카드뮴, 티타늄 같은 용어들을 다른 어떤 쉬운 말로 바꿀 것인가? 또 바꿔서 뭐하겠는가? 헬륨을 다른 쉬운 말로 바꿔서 더 쉬워지는 그런 일은 없다. 헬륨이 쉬워지는 경우는 헬륨이 무엇인지를 배워서 이해하고 익숙해졌을 때뿐이다. 만약 누군가가 헬륨에 대해 배우지도 않고서 헬륨의 이름을 바꿨더니 쉬워졌다고 말한다면 그것은 틀림없이 쉬워진 것이 아니라 오류가 발생한 것이다.

헬륨이라는 용어가 이상한 것은 그것이 우리가 이제껏 몰랐던 어떤 새로운 대상을 가리키기 위해 지어진 이름이기 때문이다. 헬륨을 우리가 모두 쉽게 알 수 있는 나무라고 부를 수는 없지 않은가? 헬륨은 나무가 아니고 나무는 헬륨이 아니다.

헬륨이라는 이름을 지은 사람이 신이 아닌 이상 그보다 더 나은 이름을 지을 가능성이 전혀 없는 것은 물론 아니겠지만, 우리가 헬륨이라는 이름을 가지고서 문제를 제기하는 것이 대단히 의미 있는 일이 될 정도로 잘못 지은 것도 아닐 것이 분명하다.

단순히 용어가 어렵다고 문제 삼는다면 그것은 학문을 전혀 불가능하게 만든다. 흔히 생각하듯 용어를 쉽게 바꾼다고 해서 그 내용이 더 쉬워지는 것도 아니다.

아마존에는 숫자 3을 넘어가면 그냥 다 '많다'는 말로 표현해 버리는 부족들이 있다고 한다. 그런데 그들에게 수학을 가르치려고 했더니 4, 5, 6, 7, 이런 용어들은 처음 듣는 말이고 너무 어려우니 쓰지 말라고 한다면 어떻게 해야 될까? 10진법이 아닌 3진법을 쓰든지, 4를 '3 다음 수' 따위로 말하든지 해야 할 것이다. 어느 쪽이든 수학은 더 쉬워지는 것이 아니라 훨씬 어려워진다. 가장 쉬운 것은 그냥 4, 5, 6, 7을 받아들이고 배우는 것이다. 물론 아마존 부족의 사람들이야 4보다는 '3 다음 수'가 더 낫다고 주장하겠지만 말이다.

용어 문제에 대해서는 그 분야의 전문가들에게 맡기자. 그들이 가장 많이 고민하고, 그 문제에 대해 가장 높은 지식과 판단력을 보유하고 있으니까. 잘 모르는 사람이 함부로 판단해서는 안 된다.

물론 나는 무지한 사람의 말이라고 내 귀를 닫아버리지는 않는다. 무지한 사람들로부터 여러 소리를 듣다가 좋은 아이디어를 얻지 말라는 법도 없으니까.

그러나 반대로 무지한 사람의 말을 너무 지나치게 귀 기울여 듣는 것도 어리석은 시간 낭비가 될 것이다. 프로 축구 선수가 동네 조기 축구 회원에게 자꾸 가서 많은 시간을 들여 축구를 배우려 든다면 어떻게 되겠는가?

16

불교의 목적

인생은 온갖 괴로움으로 넘쳐난다. 반면에 행복은 지극히 작다. 아주 작은 행복을 위해서도 오랫동안 노력하고 인내해야 하며, 그렇게 해서 어렵게 얻은 행복들도 대부분 오래 가지 않고 괴로움으로 끝난다.

이것을 비관적인 관점이라 왜곡해선 안 된다. 이것은 대부분의 사람들이 경험하고 있는 현실이다. 그러므로 이것은 비관적인 관점이 아니라 현실적 관점이다.

물론 각자가 경험하는 현실은 각자의 성향과 해석에 따라 달라질 수 있다. 본래 경험이란 경험하는 자에게 달려 있는 것이다. 그러나 그렇다고 해서 설탕이 달고, 소금이 짜고, 고추가 맵다고 말할 수 없는 것은 아니다. 어떤 사람은 설탕을 먹어도 달게 느끼지 않을 수 있고, 소금을 먹어도 짜게 느끼지 않을 수 있고, 고추를 먹어도 맵게 느끼지 않을 수 있지만 말이다.

설탕을 먹는 자에 따라서 다르게 느낄 수 있지만, 일반적으로 "설탕은 달다."라고 말하는 것이 올바른 표현이듯이, 인생 역시 살아가는 사람들에 따라서 다르게 느낄 수 있지만 "인생은 괴로움으로 넘쳐난다."라고 하는 것이 올바른 표현일 것이다. 불교는 바로 이러한 현실 인식에서부터 출발한다.

부처님이 왕자의 신분을 버리고 출가해서 수행 길에 들어선 이유도 바로 인생의 괴로움을 해결하기 위해서였다.

대부분의 사람들은 몇몇 개별적인 괴로움들에 대해 그때, 그때 임시방편적으로 대처할 뿐 괴로움을 근본적으로 완전히 해결해 보겠다는 생각은 전혀 하지 못한다. 그리고 괴로움에서 벗어날 길 없어 보이는 삶에 대해 "인생은 원래 그런 거야. 그냥 그렇게 살다 가면 돼." 하고 괴로운 그 현실 속에 안주한다. 그러나 부처님은 안주하지 못하고 뛰쳐나가셨다. 그 괴로움을 완전히 근본적으로 해결해 버리기 위해서.

그런데 왜 부처님은 남들처럼 안주하지 못하고 뛰쳐나가야만 하셨을까?

이건 뭐 너무나 당연한 얘기인데, 남들처럼 인생의 괴로움이 견딜 만하지 못했기 때문일 것이다. 견딜 만했다면 누구나 하는 대로 그냥 그렇게 견디고 사셨을 테니까.

언뜻 이해가 되지 않을지도 모르겠다. 일반인도 견디고 노예도 견디고 거지들도 견뎌내는 삶의 괴로움을 어째서 가장 살기 편한 왕자님이 견뎌내지 못했단 말인가?

경전에선 이것을 털의 비유로 설명해준다. 손바닥에 털이 묻으면 손바닥은 그것을 느끼지 못한다. 그러나 눈동자에 털이 묻으면 눈동자는 잠시도 견디지 못하고 털을 빼내야만 한다. 즉, 범부들은 인생의 괴로움을 보고 경험하면서도 무감각해서 크게 느끼지 못하지만, 마음이 고요하고 깨어있는 성자들은 그것을 훨씬 크게 느끼기 때문에 싫은 마음을 내서 벗어나려 든다는 얘기다.

부처님은 어릴 때 흙에서 나온 벌레를 새가 달려들어 쪼아 먹는 것을 보고 매우 놀라셨다. 그때 삶의 끔찍함을 처음으로 느끼고서 깊은 명상에 드셨다고 한다. 자신의 괴로움도 아닌, 하찮은 벌레의 괴로움을 보고서도 그렇게 뼈저린 문제의식을 느낄 정도로 높은 감수성이요, 또 자비심이다.

나같이 둔한 놈이라면 지독한 괴로움에 오랫동안 시달려 봐야 비로소 문제의식을 느끼고 해결할 생각을 하게 될 것이다. 그러니 나의 이 잔인한 삶에 감사한다. 삶이여, 고맙다. 괴롭혀줘서. 삶이 나의 가장 큰 스승이었다. 부처님도 교화하기 어려운 나 같은 사람들은 바로 이렇게 혹독한 삶의 채찍질이 교화해 준다.

털의 비유 말고도 나에게는 또 다른 견해가 있다.

경전에 보면 싯다르타(부처님의 어릴 적 이름) 왕자의 아버지인 정반왕은 싯다르타가 출가할지도 모른다는 예언을 듣고서 아들의 출가를 막기 위해 온갖 애를 썼다고 한다. 아들이 어떠한 괴로움과 불만도 느끼지 못하도록 필요한 모든 것과 원하는 모든 것과 즐거운 모든 것들을 제공해주려 노력했다는 것이다. 그러나 나는 그것이 오히려 싯다르타의 출가를 도운 것이 아닌가 생각한다. 무슨 얘기인가 설명하기 전에 먼저 예를 하나 들어야겠다.

현재 인도는 몹시 더러운 곳이다. 길에는 소가 싼 똥, 개가 싼 똥, 당나귀가 싼 똥, 사람이 싼 똥들이 마구 퍼질러 있고, 아무 데나 버린 쓰레기들을 치우는 사람이 없어서 곳곳에 쓰레기들로 가득하고, 길가의 대형 쓰레기통은 원숭이들이 먹을 걸 찾는다고 들어가서 헤집어 놓아 주변이 온통 쓰레기와 악취로 진동한다. 건물과 도로는 아무렇게나 마구 지어서 볼썽사납고 지저분하기 짝이 없다. 이렇게 더러운 곳이지만 본래부터 여기서 태어난 사람은 이것을 그냥 보통으로 느낄 뿐 더럽다고 느끼지 못할 것이다. 그러나 깨끗한 곳에서 살다 온 서양인들이나 한국인들은 처음에 심한 혐오감을 느끼게 된다. 그러다 어느 정도 시일이 지나면 차차 익숙해져서 별다른 느낌이 없어진다. 보통 사람들도 처음 인도에 가면 혐오감을 느낄진대 결벽증이라도 있는 사람이라면 더더욱 참기 어려울 것이다. 실제로 나는 인도에서 그런 사람을 몇 번 만난 적이 있다. 그들은 대단히 힘들어한다. 음식도 더러워서 못 먹겠고 숙소도 더러워서 못 있겠고 길거리도 더러워서 못 다니겠다고 한다. 이런 사람들에게 인도는 도저히 견딜 수 없는 곳이다.

삶의 괴로움과 싯다르타의 관계가 바로 그러하다. 본래부터 괴로운 인생으로 태어난 사람들은 대부분 자라면서 삶의 괴로움을 그냥 당연하게 받아들인다. 그러나 싯다르타는 왕자였을 뿐만 아니라 아버지 정반왕의 지독한 보살핌을 받아 극도로 안락한 삶을 누리고 살았다. 그리고 괴로움은 보지 못하도록 차단되었다. 바로 이 차단이 충격을 극대화하였을 거라고 나는 생각한다. 괴롭고 추하고 끔찍한 모습들을 보지 못하다가 어느 날 갑자기 자신이 익숙한 안락하고 아름다운 세계와 너무나 다른 그러한 모습을 보았을 때 그것은 대비 효과와 차단 효과가 겹쳐서 엄청난 충격을 주었을 것이다. 더군다나 싯다르타는 보통사람들보다 훨씬 자비심과 감수성이 뛰어난 사람이었다. 그러니 어찌 그런 충격적인 세상 속에서 편안히 머물 수 있었겠는가.

무엇인가가 괴로우면 그 괴로움을 해결하려 들게 마련이다. 어느 누구도 괴로움을 좋아하지 않는다. 해결하고 싶어 하고 벗어나고 싶어 한다. 괴로움이 크면 클수록 벗어나고자 하는 열망과 몸부림 역시 더욱더 강렬해진다.

괴로움에서 벗어나고자 하는 것, 이것이 바로 싯다르타가 출가한 이유요, 마찬가지로 수행자들이 출가하는 이유다.

괴로움에서 벗어나려면 괴로움의 원인을 찾아내서 뿌리 뽑아야 한다. 부처님께서 수행하여 깨달으신 바에 의하면 괴로움의 원인은 욕망 등의 번뇌들이며, 모든 번뇌의 뿌리가 되는 것은 바로 아집(我執)이다. 그러므로 아집을 없애야 괴로움에서 벗어난다는 얘기다.

괴로움에서 완전히 벗어난 것, 그것을 바로 해탈 또는 열반이라 한다. 결론적으로 말해 해탈 또는 열반을 성취하는 것이 바로 불교의 근본 목적이라는 것이다.

대승불교에서는 또 자기 혼자만의 해탈이 아닌 모든 생명체의 해탈을 목표로 한다.

해탈이 불교의 목적이라는 것은 부처님처럼 삶의 괴로움 때문에 그 괴로움에서 벗어나고 싶어서 출가한 수행자들이라면 너무나 당연하고 쉽게 이해할 수 있는 일이다.

그들은 괴로움에서 벗어나기 전까진 다른 어떤 것으로도 만족할 수 없다. 괴로움에서 완전히 벗어나기 전까지, 다시 말해 아집을 완전히 뿌리 뽑기 전까지 그들의 수행은 끝나지 않는다. 하늘을 둥둥 떠다녀도 대수롭지 않고, 지구 반대편이 보여도 대수롭지 않으며, 천 년, 만 년을 죽지 않고 살아도 대수롭지 않고, 타인의 내밀한 마음속을 속속들이 들여다봐도 대수롭지 않다. 왜? 원하는 것이 그러한 것이 아니니까. 그래도 여전히 괴롭다는 것을 알고, 괴로움에서 벗어나려면 오직 어떻게 해야 하는지를 아니까.

17

근자감

요샛말로 근자감 즉, 근거 없는 자신감은 참 꼴불견이다. 그런데 근자감이 가장 넘쳐나는 분야가 바로 종교계다. 종교 안에는 눈에 보이지 않고 쉽게 확인할 수 없는 많은 이야기가 통용되곤 하므로, 자기 마음대로 망상을 피워서 자기 마음대로 자신을 위대한 자리에 올려놓고서 남을 내려다보기에 십상이다. 그러면 사람들은 남을 기분 나쁘게 하는 일은 될수록 피하려는 성향이 있으므로 속으로는 비웃으면서도 아무 내색을 하지 않든지, "참 대단하십니다." 하면서 거짓으로 맞장구쳐주든지, 믿고 따르는 관계라면 평소에 하던 대로 그 사람 말을 믿기 위해 스스로 자신을 세뇌하든지, 아니면 어리석은 사람들은 정말로 그렇게 믿고서 대단하게 생각해 주기도 한다. 때로 상대방보다 사회적 지위가 높지 않은 사람이 근자감을 내보이면 정면으로 비웃음 등의 역풍을 맞기도 하는데, 이럴 때 근자감을 가진 사람은 자존심에 큰 상처를 입는다.

다른 종교는 둘째 치고 나는 이번 글에서 불교계에 널린 근자감에 대해 쓴소리를 좀 하고 싶다.

수행이라는 것은 남에게 자랑하기 위해서 하는 것도 아니고 잘난 사람이 되기 위해서 하는 것도 아니다. 물론 수행을 잘하면 우리 불교도들이 보기에 최고로 잘난 부처님처럼 되긴 하지만 말이다. 그러나 수행의 결과로 누가 보기에 잘난 사람이 되는 것하고, 잘난 사람이 되려는 동기를 가지고 수행하는 것은 전혀 다른 얘기다.

그러나 범부들은 자신의 아만에 봉사하는 성향이 대단히 강하기 때문에 아만을 없애고 아집을 뿌리 뽑기 위한 불교 수행조차 자기도 모르게 오히려 아만에 봉사하는 행위로 변질시키곤 한다. 조금 수행을 해 보고는 자기가 대단한 사람이 됐다고 착각하고, 부질없는 망상을 피운 것을 가지고서 대단한 신비체험이나 높은 경지에 오른 것처럼 꾸며서 자타를 속이고, 내 수행이 나은가 남의 수행이 나은가 비교해서 근거 없이 마음대로 자신을 위에 올려놓고, 하여튼 할 수 있는 온갖 방법으로 "난 잘났어."라는 아만을 만족시키기 위해 노력한다. 이러한 어리석고 유치한 자신의 모습을 잘 알아차려야 한다.

그런데 가만 보면 스님이나 일반 신자나 조금 배우고 수행 좀 하다 보면 거의 다 이렇게 되어 가는 것 같다.

자기가 배가 고파서 음식을 먹었다면 거기에 자랑할 만한 것은 아무것도 없다. 그것은 자랑할 일이 아니다. 그저 배가 고파서 먹었을 뿐.

신비체험이라는 것도 수행을 하다 보면 흔히 일어나는 일일 뿐 자랑할 만한 일이 전혀 아니다. 인간의 잠재의식 속에는 오만 가지 잡동사니들이 다 들어 있다. 그런데 경험이라는 것은 사실 궁극적으로 두뇌의 작용에 달린 것이다. 무슨 말인가 하면 한 가지 예를 살펴보자.

두뇌 과학이 별로 발달하지 못했던 시절에 한 의사가 두뇌 수술을 받는 환자를 대상으로 한 가지 실험을 해 보았다. 두뇌의 이곳저곳에 전기적 자극을 주고 나서 나중에 그 당시 환자가 무엇을 느꼈는지 물어보았다. 그랬더니 환자는 그때 오렌지 향을 맡고, 의사가 자기 손을 쓰다듬었다는 등의 이야기를 하였는데 모두 실제로 일어나지 않은 일이었다. 그러나 환자는 그 일들이 실제로 일어난 것으로 완전히 확신하고 있었다. 왜 이런 일이 벌어진 것일까?

모든 경험이 궁극에는 두뇌에서 벌어지는 일이기 때문이다. 예를 들어 눈으로 무엇을 본다 하더라도 두뇌가 그 정보를 처리하지 못하면 눈이 멀쩡해도 무엇을 본다는 경험은 일어나지 않는다. 눈의 망막에 맺힌 상이 전기, 화학적 신호로 변환되어 신경계를 타고 두뇌에 전달되고, 그 정보를 두뇌가 제대로 처리해야 비로소 무엇을 보았다는 경험이 일어나는 것이다. 그러므로 무엇을 보기 위해서는 두뇌에서 일어나는 이러한 일들만 있으면 될 뿐, 굳이 실제로 눈앞에 무엇이 있어야 할 필요가 없다는 얘기다. 감각 경험의 모든 것들이 마찬가지일 것이다.

수행을 하다 보면 일반 의식 상태와 다른 미세한 의식 상태로 들어간다. 그러면 잠재의식에 들어있던 온갖 것들을 이러한 두뇌의 특성으로 인해 경험하게 되는 것이라고 나는 생각한다.

나 역시 수많은 신비체험을 하였다. 좌선을 하던 도중 다리가 수소 풍선처럼 떠올라서 공중에 거꾸로 매달리기도 했고, 건물 안에 눈감고 앉은 채로 건물 밖에 벗어둔 내 신발이 도둑맞는 광경을 보기도 하였다. 솔직히 뒤의 경험은 어떻게 설명해야 할지 모르겠다. 그러나 그게 뭐? 그래서 내가 얻는 것이 무엇인가? 물론 안정적으로 내가 그러한 능력을 마음대로 발휘할 수만 있다면 돈은 잘 벌 수 있겠다. 그러나 수행적인 면에서는 아무런 의미도 없는 일이고, 또 대부분의 신비체험은 그저 일시적일 뿐이다.

신비체험이란 수행을 하다 보면 쉽게 일어날 수 있는 부수적 현상일 뿐 자랑할 만한 것이 아니다.

어떤 책에서 재밌는 이야기를 읽은 적이 있다.

한 수행자가 자기 스승은 대단한 능력이 없어 보이는데 어떤 사람이 물 위를 걷는 것을 보고 그를 따라가 십 년을 배웠다. 드디어 물 위를 걸을 수 있게 된 그는 옛날 스승을 찾아와서 자기 능력을 자랑하였다. 그러자 그 스승이 하는 말.

"이런 멍청한 놈. 돈 몇 푼만 주면 배 타고 건널 수 있는 것을, 겨우 그만 걸 배우려고 십 년이나 낭비했어?"

물 위를 걷고 하늘을 날고 온갖 신기한 짓을 한들 인생의 문제가 해결되지는 않는다. 물론 정말로 그런 능력이 있다면 서커스로 돈은 많이 벌 수 있을 것이다. 고생할 필요 없이 잘 먹고 하고 싶은 대로 즐기면서 안락하게 지낼 수 있다. 좋은 일이다. 나 역시 그렇게 되고 싶다. 그러나 그런 것만으로 나의 인생의 불만이 사라지지는 않을 것도 분명하다. 바로 거기에 수행의 이유가 있다.

진정한 수행자라면 수행이란 자기가 간절하고 필요해서 하는 일이므로 거기에 자랑할 만한 어떤 것도 느끼지 않는다. 자랑하고 싶어 하고 자기가 대단하다고 느끼고 싶어 하는 사람이 원하는 것은 사실 올바른 수행이나 그 결과보다는 아만의 만족임이 분명하다. 그리고 그것은 올바른 수행과는 반대의 길이다.

수행의 경지를 가지고 우열을 비교한다는 것은 참 웃기고 유치하고 한심한 일이다.

자기 경지가 남보다 높은지 낮은지 무슨 수로 알 것인가? 또 알아서 뭐하겠는가? 그저 자기가 해야 할 일만 묵묵히 하면 그만이다. 내가 상대보다 높은지 낮은지는 신경 쓸 이유가 없다. 수행을 위해서고 배우기 위해서라고? 말도 안 되는 헛소리. 수행을 위해서라면 비교하지 말고 그저 수행하면 되고 배우기 위해서라도 비교하지 말고 그냥 배울 것이 보일 때마다 배우면 된다. 아무리 못난 사람도 내가 배울 만한 구석이 어딘가 있게 마련이다.

이제 근자감의 몇 가지 사례를 통해 그 이면의 심리 패턴을 까발려 보고자 한다.

어떤 사람이 어떤 분야에 뛰어난 능력을 인정받을 때 그렇지 못한 사람은 열등감을 달래고 자존심을 회복하기 위해 자신에게는 있고 그 사람에게는 없다고 생각하는(자기 마음대로) 어떤 분야를 내세우고 그 사람이 뛰어난 분야는 통째로 깎아내린다.

선방 다니는 스님들은 그러지 않지만, 선방 다니는 '중'들 중에는 그래서 불교 교학을 통째로 무가치하거나 중요하지 않은 것으로 깎아내리는 자들이 많다. 마찬가지로 참선은 등한시하고 교학만 한 중들은 참선 수행을 깎아내린다.

한 번은 교학에 정통하고 참선 수행도 열심히 하셔서 내가 볼 때는 대단히 훌륭하신 수행자를 보며 스스로 참선 많이 했다고 생각하는 한 중이 꼴불견을 연출하는 광경을 보았다.

교학에 정통한 그 스님은 아는 소리를 한마디 한 것도 아니요, 자기가 무슨 책을 냈다거나 공부를 몇 년 했다거나 그런 자랑을 한 것도 아니요, 그저 아무 말 없이 겸손하게 묵묵히 있을 뿐이었다. 그런데 참선했다는 그 중은 스스로 열등감을 느끼고서는 그를 깎아내리려 들고 있었다.

"스님은 실제로 수행을 많이 안 해 보셔서 잘 모르겠지만" 어쩌고 하면서 자기를 그 스님보다 높은 경지로 단정하고 떠들어대는 것이 아닌가? 그러면서 자신이 수행하면서 겪은 경험담을 늘어놓으면서 얼토당토않은 견해들을 피력하는데 참 어처구니가 없다.

교학에 정통한 스님은 그저 덤덤하게 들어줄 뿐이었다. 가끔 "아, 그러셨군요." 하고 맞장구까지 쳐 주면서.

그런데 그 참선 많이 했다는 중은 도대체 무슨 근거로 자기가 그보다 더 참선을 많이 했다고 생각한 것일까? 자기는 선방을 많이 다녔고 그는 공부를 많이 했으니 자기보다 참선할 시간이 없었다고 생각한 걸까?

참선한 시간의 양이 절대적으로 중요한 것은 아니지만, 단순히 시간의 양만 놓고 따져도 내가 보기에 자기가 참선한 시간이 더 많다고 판단할 수 있는 근거는 전혀 없었다.

더욱이 자기가 선방 다니면서 참선한다고 앉아서 망상만 피우며 시간 낭비한 것보다 그가 경전 배우며 짬짬이 수행한 경지가 훨씬 깊고 뛰어난지 어느 누가 알 수 있단 말인가? 어느 누가 봐도 그 참선했다는 중보다는 교학을 하신 스님이 훨씬 수행이 많이 된 것처럼 보일 것 같긴 하지만 말이다.

그나마 그 중은 참선한 시간이라도 내세울 게 있어서 다행이다. 그러나 이것도 저것도 내세울 게 없는 자들은 최고로 웃기는 코미디를 연출한다. 신심으로 가장한 자들이 바로 그러한 부류다.

아는 것도 없고, 머리도 나쁘고, 참선을 오래 한 것도 아니고, 훌륭한 업적을 세운 것도 없고, 아무것도 내세울 것이 없는 사람들이 아만을 만족시킬 수 있는 아주 좋은 방법이 바로 신심이다. 왜냐하면, 신심이 대단한 척하는 데에는 아무런 노력도, 능력도, 돈도, 시간도, 업적도, 그 무엇도 필요가 없기 때문이다. 오직 아만과 어리석음만 있으면 된다. 그러면 그는 자신만의 세상에서 아주 위대한 사람이 된다.

그래서 그들은 사람들이 이상하게 생각하는, 그러나 자신은 그것이 신심이 대단해서 하는 행위라고 생각하는 희한한 행동들을 하고, 어리석은 온갖 희한한 말들을 믿고 진실이라 주장한다. 그들은 믿기 어려운 것을 잘 믿는 것이 신심이 강한 것으로 생각한다. 반은 옳다. 그들은 잘못된 것, 어리석은 것, 정신병자 같은 것에 대한 신심이 강한 것이니까. 그러나 그것은 부처님에 대한 신심도 아니고 정법에 대한 신심도 아니며 오히려 부처님과 정법에 대한 배반이요, 모욕이다.

그들은 말도 안 되는 주장들을 부처님의 가르침으로 받드느라 부처님의 진짜 올바른 가르침들은 헌신짝처럼 쉽게 버린다. 그러면서 자신이 신심이 대단하다고 생각한다. 그리고 자신처럼 그것을 쉽게 믿어주지 않는 자들을 신심이 없다고 비난하며 그들의 머리 위로 올라선다. 그렇게 해서 그들의 아만은 성취된다. 추함의 극치에 도달한 자들이다.

나는 사람들이 이 글을 읽고서 이제 겸손을 가장할까 봐 걱정이다. 겸손한 것은 좋은 일이지만 겸손을 가장하는 것은 추한 짓이다. 위에서 경멸했던 아만의 변종들과 한 치도 다르지 않다. 그저 아만의 또 다른 변종일 뿐.

그렇다고 겸손을 가장하는 사람이 아니기 위해 건방지게 행동한다면 그것은 더욱더 어리석은 짓이다.

그렇다면 도대체 어떻게 하라는 말인가? 이래도 안 되고 저래도 안 되고 어쩌란 말인가? 빠져나갈 길은 없는가?

바로 이럴 때 끄리슈나무르띠는 말할 것이다. 그것을 그대로 바라보는 것이 바로 길이라고. 이러한 자기 내면의 추한 모습들을 똑똑히 바라볼 때 자연히 그런 추한 모습들은 사라진다고. 길을 가다 코브라를 발견하면 몸이 알아서 피하듯이.

누구도 자신이 추한 모습이 되기를 좋아할 리는 없다. 우리가 아만의 저러한 추한 동기와 작용을 인식하지 못했을 때 그로 인해 자기도 모르게 여러 가지 추한 짓들을 하게 되는 것이지, 그 추한 동기와 작용을 뻔히 보고 있는 동안에는 자연히 그러한 짓을 할 수 없게 될 것이다.

이러한 것을 두고서 끄리슈나무르띠는 바른 앎에서 자연히 바른 행위가 나온다고 하였다.

여기서 앎이란 머리로 생각하거나 이해하는 것에 그치는 것이 아니라, 자신의 마음을 주의해서 실시간으로 생생히 보고 있는 것을 의미한다.

4 장

나의 스승님들

18

나의 스승님들

불교 : 『아함 경전들, 니까야 경전들』, 『붓다의 가르침과 팔정도』(월폴라 라훌라).

정신세계 : 『진아여여』(라마나 마하르시), 『아이앰댓』(니사르가닷따 마하라지), 무묘앙 에오의 모든 책들, 지두 끄리슈나무르띠의 책들(『아는 것으로부터의 자유』, 『자유에 대하여』, 『세속에서의 명상』 등등).

기타 : 『이런, 이게 바로 나야』(더글러스 호프스태터), 『철학이란 무엇인가』(버트런드 러셀), 리처드 도킨스의 책들(『만들어진 신』, 『지상 최대의 쇼』, 『이기적 유전자』 등등), 『왜 사람들은 이상한 것을 믿는가』(마이클 셔머), 『폭로』(제임스 랜디).

위의 목록은 내가 구도자들에게 추천하고 싶은 책이자 현재 나의 정신세계를 형성하는데 가장 크게 기여한 책들이다.

혹시 『이기적 유전자』를 보고서 유전자 결정론이라는 함정에 빠질까봐 한 권 더 추천하자면 이블린 폭스 켈러가 쓴 『유전자의 세기는 끝났다』를 읽어보시길 권한다.

이 외에 나의 정신세계에 있어서 가장 중요한 존재를 한 명 빠뜨렸는데, 바로 티베트불교의 최고 스승인 쫑카빠다. 그가 나가르주나(용수)와 짠드라끼르띠(월칭)를 해석하면서 확립한 2제(궁극적 진실과 일반적 진실이라는 두 가지 차원의 진실)의 이해와 설명 방식은 나의 정신세계에서 없어서는 안 될 필수 요소다. 그러나 아직 한국에는 그의 사상을 쉽게 이해할 수 있도록 한 책이 없으므로 아쉽다.

나의 스승들의 목록을 보고 불교인들 중에는 불만을 느끼는 사람들이 있을지도 모르겠다. 다른 종교와 유물론자의 책까지 포함돼 있으니까.

먼저 확실히 해야 할 것은, 나는 어떤 두 가지 주장이 모순된다고 생각되면 둘 중의 하나는 절대로 받아들이지 않는다. 그러나 저 위의 목록에 있는 책 중에는 서로 모순되는 주장들이 많다. 그러므로 나는 어떤 주장들은 받아들이고 어떤 주장들은 받아들이지 않는다.

그러나 받아들인다는 것도 백 퍼센트 확신한다는 의미가 아니다. 완전히 증명된 것은 아니지만 많은 근거로 볼 때 가장 합리적인 결론이라면 "아마 그렇게 말하는 것이 진실일 가능성이 가장 클 것이다. 그러나 아닐 수도 있다. 언제든 반증되면 나는 그것을 버리겠다."는 태도로 받아들인다. 그것이 바로 과학자들과 회의주의자들이 내게 심어준 가르침이다.

나는 내가 받아들인 모든 것들이 서로 조화를 이루고 통합된 체계를 형성하도록 주의한다. 왜냐하면, 만약 자신의 철학 안에 모순이 있다면 그 체계 전체가 성립하지 않기 때문이다. 그러므로 모순을 받아들이는 것은 정신적 자살 행위다.

상반된 진술 중에서 어느 쪽이 다른 모든 진실과 부합하는지 검토해서 둘 중의 한쪽은 부정하고 한쪽만 받아들이는 것이 모순을 피하는 한 가지 방법이라면, 두 번째는 상반된 진술 중에서 한쪽을 말 그대로가 아닌 다른 의미로 해석하는 방법이 있다. 이것은 아전인수격 엉터리 해석이 되기 쉬우므로 아무나 할 수 있는 것은 아니다. 치밀한 논리력과 그 문제와 관련된 방대한 지식이 필요하다. 또 아무리 뛰어난 사람이 그렇게 하더라도 그것이 과연 말한 사람의 본뜻인지는 영원히 알기 어려울 수 있다. 그러나 그렇다고 하더라도 그것이 언제나 무의미한 시도인 것은 아니다. 그렇게 해서 그 해석이 다른 모든 진실에 부합하고 나의 철학 체계 안에 모순을 일으키지 않고 나의 정신적 발달에 지대한 도움을 준다면 그것은 대단히 바람직할 뿐 아무 문제가 없다. 다만 그렇게 해석하는 것이 그 말을 한 사람의 본뜻인지에 대해서만 신중하면 될 뿐이다.

다르게 해석하는 방법에 관해서 설명하자면 먼저 비유를 들어야겠다.

길이를 표현하는 방식에는 미터, 인치, 피트 등의 여러 가지 방식이 있다. 그런데 예를 들어 어떤 길이를 두고서 미터에게 "이것이 3인가?" 하고 물어보면 "그렇다."고 대답하는데, 인치와 피트에게 물어보면 "아니다."라고 대답한다. "3이 아니면 뭐냐?" 하고 물어보면 인치는 "이것은 118 정도 된다."라고 대답하고, 피트는 "이것은 9.84 정도 된다."라고 대답한다. 그들은 전부 모순되고 있는 것인가?

그렇지 않다. 그들은 똑같은 길이를 가리키고 있다. 다만 똑같은 길이에다 다른 이름을 갖다 붙였을 뿐이다.

어떤 길이가 본래부터 3이라는 숫자를 달고 있었던 것이 아니듯이 어떤 대상이 본래부터 어떤 이름을 달고 있었던 것이 아니다. 이름이란 인간들이 제각각 뒤늦게 갖다 붙인 것이다. 지구의 위성을 두고서 한국인은 '달'이라 하고, 영국인은 '문'이라 하고, 티베트인은 '다와'라 한다. 마찬가지로 어떤 관념을 표현하는 진술 역시 같은 내용을 전혀 다르게 표현할 수 있다. 그 두 가지 다른 표현은 겉으로는 서로 모순돼 보인다. 미터가 3이라고 주장하는 것을 인치가 3이 아니라고 주장하는 것과 마찬가지로.

그러나 미터와 인치의 두 주장이 서로 모순이 아니라고 해서 "이것은 3이다."와 "이것은 3이 아니다."라는 두 가지 진술을 그대로 동시에 받아들이라는 얘기가 아니다. 그것은 명백한 모순이다. "이것은 3이다."를 받아들일 때 "이것은 3이 아니다."가 자동으로 부정되고, "이것은 3이 아니다."를 받아들일 때 "이것은 3이다."가 자동으로 부정된다. 그러므로 그 두 가지를 동시에 받아들인다는 것은 불가능하다. 다만 동시에 받아들였다고 착각하는 사람들이 종종 있을 뿐.

그렇다면 미터와 인치의 모순돼 보이는 두 가지 진술을 어떻게 모순되지 않게 받아들이는가 하면, 어느 한쪽의 언어로 다른 한쪽의 진술을 번역하는 것이다. 예를 들어 미터의 체계를 이용하고자 한다면 인치의 말이 미터의 체계 속에서 어떤 의미인가로 번역한다. 그러면 인치의 말은 "3이 아니다."가 아니라 "0.0762가 아니다."가 된다(3인치=0.0762미터). "이것은 3이다."와 "이것은 0.0762가 아니다."라는 두 가지 진술은 서로 모순되지 않는다.

그러나 철학에서 어떤 두 사람의 상반된 주장이 사실은 같은 내용을 가리키고 있는지 아닌지를 판단하는 것은 대단히 어려운 일이다. 두 가지 상반된 주장을 아무나 함부로 통합하려 들어서는 안 된다. 더욱이 일단 논쟁이 일어나면 상대의 주장이 나의 언어 체계 속에서 어떤 주장에 해당하는지 또는 거꾸로 나의 주장이 상대의 언어 체계 속에서 어떤 주장에 해당하는지를 나나 상대나 정확히 판단하기 어려우므로 오직 나의 언어 체계에 철두철미하게 의지해서 논쟁하는 수밖에 달리 방법이 없다. 만약 그렇게 하지 않고 어설프게 통합하려 들었다가는 나 자신의 진술에 모순이 발생하기 쉽다.

그렇다 보니 같은 내용을 가리키고 있는 두 사람이 전혀 다른 언어 체계를 가지고 서로 논쟁할 소지도 있지만, 그렇다고 해서 그러한 논쟁이 전혀 무의미한 것도 아니다. 왜냐하면, 그러한 과정을 통해서 어떤 의미에 대해 어떻게 표현하는 방식이 더 우월한지가 가려질 수도 있기 때문이다.

상반된 두 가지 주장에 대해 함부로 통합하려 드는 것도 삼가야 하지만, 반대로 함부로 부정하는 것도 조심해야 한다. 진실을 말하고 있는 이들에 대한 부당한 비방이 될 수 있기 때문이다.

진실은 어느 누가 독점할 수 있는 것이 아니다. 진실은 어떤 꼬리표도 붙어 있지 않고 어떤 틀에도 들어가 있지 않다. 어리석은 사람일수록 꼬리표와 틀에 집착하는 것 같다. 그래서 종종 꼬리표나 틀을 위해서 진실을 희생한다.

나는 불교도이지만 어느 누가 "너는 불교도가 아니야."라고 말한다고 해도 나는 하나도 아쉽지 않다. 내가 불교도가 된 이유는 부처님이 진실을 말씀하셨고 그 진실이 내게 대단히 중요하다고 생각했기 때문이다. 부처님이 거짓말을 하셨거나 부처님이 하신 말씀이 쓸데없다고 생각했다면 나는 불교도가 되지 않았을 것이다. 그러므로 본질적인 것은 진실이고, 그중에서도 나에게 필요한 진실이다. 어디에 어떻게 필요한가 하면, 내가 지혜로워져서 그 지혜를 가지고 무지를 파괴하여 괴로움에서 벗어나기 위해서 필요하다. 그 외에 불교도라거나 불교도가 아니라거나 하는 꼬리표 따위는 필요가 없다.

위에 언급한 책 중에서 한 가지 주의사항을 말씀드려야겠다. 무묘앙 에오의 책들은 대단히 도움 되는 면도 있지만 대단한 부작용도 있다. 그것이 뭔가 하면, 그의 책들을 읽다 보면 건방져지고 사람을 대단히 경멸하게 될 수 있다는 것이다. 무묘앙 에오같은 사람이라면 그러한 것에 대해 신경 쓰지 않아도 되겠지만, 대부분의 사람들 경우엔 세상 살기 대단히 괴로워질 것이므로 그렇게 되지 않도록 주의하는 것이 당연히 유익할 거라 나는 생각한다.

19

욕망은 괴롭다

이번 글은 무묘앙 에오가 욕망에 대해서 분석한 내용을 내 나름대로 소화해서 쓴 글이다. 표현과 내용에서 철저히 그에게 빚지고 있다. 그러나 욕망에 대한 무묘앙 에오의 가르침 역시 부처님에게 빚진 것이다.

아래 글에 부처님의 가르침에서 벗어난 것은 하나도 없다고 나는 생각한다.

대부분 사람들은 욕망을 통해서 행복을 추구한다. 욕망이 시키는 대로 하면 내가 행복을 얻을 것이라고 은연중에 믿고 있다. 왜 이런 믿음을 갖게 되었는지, 이 믿음이 과연 올바른지 한 번 살펴보자.

우리는 어떤 경험을 통해서 행복을 느끼면 그 경험을 또다시 하고 싶어 한다. 행복을 좋아하고 계속 느끼고 싶으므로 어떤 경험을 했을 때 행복했으니까 자꾸 또 그 경험을 하고 싶어 하는 것이다. 바로 여기서 욕망이 힘을 얻는다. 나의 욕망이 나의 행복을 위해서 일하고 있는 것으로 인식되기 때문이다. 그리고 그 욕망을 따라서 또다시 그 경험을 하고 또다시 행복을 느낀다. 이렇게 또다시 욕망은 힘을 얻는다. '욕망이 시키는 대로 했더니 내가 행복해지더라.' 하는 무의식적인 믿음이 생겨나고, 이러한 경험들이 반복되면서 그 믿음은 자꾸 더 강화되어 간다. 욕망에 대한 나의 지지도가 이러한 반복되는 경험들과 함께 갈수록 높아져 가는 것이다.

그런데 가만히 살펴보면 여기에는 속임수가 있다. 사실 알고 보면 욕망이 성취되어서 행복해진 것이 아니라 나에게 있던 어떤 욕망이 해소되어서 행복해진 것이다. 다시 말해서 행복이란 욕망의 성취가 아니라 욕망의 해소에서 왔을 뿐이다. 욕망은 불만족이고 불만족은 괴롭다. 그러므로 욕망도 클수록 괴로움도 크다. 그 괴로움이 해소될 때 해소되는 괴로움만큼 그것이 행복으로 느껴지는 것이다.

그러니까 사실 행복해지기 위해서는 욕망을 없애면 되는 것이지, 욕망의 그 대상이 꼭 필요한 것이 아니다. 그런데 나 자신을 포함해서 대부분의 사람들은 이것을 인정하기가 쉽지 않다. "아니야, 난 이대로는 절대로 만족할 수 없어. 저것을 반드시 가져야 지만 난 행복할 거야."라고 집착을 놓지 않는다.

그러므로 욕망이 정말로 행복을 가져다주는지 그렇지 않은지를 철저히 조사하고 이해하여 그 이해를 반복적인 사유와 명상을 통해서 마음에 물들여 변화시켜 나가야 한다.

만약 욕망이 우리에게 행복을 가져다준 것이라면 우리에게 어떤 행복을 가져다줬다고 생각되는 그 욕망을 계속 따르기만 하면 우리는 계속 행복해야만 한다. 그러나 과연 그러한가?

처음엔 좋아서 하던 것도 자꾸 반복하다 보면 나중엔 반드시 싫증이 나거나 오히려 괴로워지게 된다. 그래서 우리가 욕망에 속았다는 사실을 알아채려는 찰나 욕망은 우리를 또 한 번 속인다. 욕망의 대상을 바꾸는 방식으로.

예를 들어 초코파이를 먹다가 질리면 이제 단팥빵을 욕망한다. 그러면 또 한동안 우리는 단팥빵을 즐길 수가 있다. 그러니까 우리는 여기서 내가 속았다면 초코파이에 속은 것이지, 욕망은 나를 속이지 않았다고 느끼게 된다. 왜냐하면, 또 '단팥빵에 대해 욕망이 시키는 대로 했더니 행복하더라.'라는 경험을 하고 있으므로. 이런 식으로 욕망은 그 대상을 바꿔가면서 무한히 우리를 속인다.

그런데 욕망이라는 것은 무엇인가를 요구하는 것이다. 지금 내가 경험하고 있지 않은 것을 경험하라고 요구하고 있는 것이다.

그것은 곧 "지금 이대로는 안 돼. 나는 지금 이 상태로는 만족스럽지 않아."라는 것이다. "난 지금 이대로는 행복할 수 없어. 저것을 가져야지만 비로소 나는 행복할 거야."라고 말하고 있다. 즉, 욕망은 그 본질상 행복 파괴자다.

욕망이 크면 클수록 행복하기는 어렵다. 욕망이 아주 클 때는 그 자체로도 아주 괴롭다. 각자 자신의 경험들을 가만히 떠올려 보면 분명히 알 수 있을 것이다.

그런데 이 욕망이라는 놈은 말을 들어주면 들어줄수록 자꾸 더 커지기만 할 뿐 결코 줄어드는 법이 없다.

흔히 부자들이 욕심 부리는 것을 보면 이렇게 생각한다.

"저 사람은 저 정도 갖고 있으면 됐지, 뭐하러 저렇게 욕심을 부리지? 나 같으면 저 사람 가진 십 분의 일만 있어도 만족하겠다."

또 이런 생각도 한다.

"저 사람은 저렇게 예쁜 부인이 있는데 도대체 왜 바람을 피우지? 나한테 저런 부인이 있으면 매일같이 예뻐해 줄 텐데."

과연 그럴까?

웬만큼 나이든 사람이라면 이런 말들이 새빨간 거짓말이라는 것을 잘 알고 있다. 하나를 갖고 나면 두 개를 갖고 싶고, 두 개를 갖고 나면 이제 세 개를 갖고 싶어지는 것이 바로 욕망이다. 바로 그래서 욕망이 시키는 대로 살면 만족할 날은 영원히 올 수가 없다.

욕망은 행복을 미래로, 미래로 계속 밀쳐놓기만 한다. 어떤 것을 갖게 될 미래의 어느 시점으로 행복을 자꾸 밀쳐놓는다. 그러나 그 미래의 행복이란 언제나 새빨간 거짓말에 불과하다. 아무리 많은 것을 성취하더라도 욕망은 언제나 "아직 안 돼. 더 가져야 돼.", "아직 멀었어. 저것도 가져야지."라고 말하기 때문이다. 이렇게 욕망은 우리에게서 끊임없이 행복을 앗아간다.

또 욕망을 많이 성취하면 성취할수록 그 사람은 갈수록 까다로운 사람이 되어 간다. 속된 말로 싸가지가 없어진다. 자기가 원하는 것이 많이 이뤄질수록 기대치나 요구도 따라서 높아지기 때문이다. 그래서 타인들과 또 세상과 지속해서 부대껴 댄다.

아무리 돈이 많고 으리으리한 건물을 몇 채 소유하고 비싼 차를 몰고 다니고 높은 지위에서 큰소리치고 떵떵거리며 살아도 그 사람 마음이 불행하다면 다 소용이 없는 거다. 돈 벌고 뭐 하고 한 게 다 행복해지고 싶어서 한 짓이지 불행해지고 싶어서 한 것이 아니다. 누구나가 진정으로 원하는 것은 바로 행복이지 다른 것이 아니다. 돈을 원한 것도 행복해지고 싶어서였고, 지위를 원한 것도, 연애를 원한 것도, 그 무엇을 원한 것도 다 행복을 위해서였다.

그러나 많은 사람이 자신이 정말로 원하는 것이 무엇인가 하는 지점에서 혼동을 한다.

예를 들어, 알코올중독자들을 한번 보자. 술 마시면 자기가 불행해진다는 것을 안다. 그런데도 여전히 술을 선택한다. "당신이 원하는 것이 술이야, 행복이야?" 하고 물으면 "술도 원하고 행복도 원해." 하고 대답할 것이다. "술을 선택하면 행복을 버려야 되고, 행복을 선택하면 술을 버려야 되잖아. 둘 중에 하나밖에 선택을 못 한단 말이다. 그러니까 뭘 선택할래?" 하고 추궁하면 어떻게 할까? 그래도 여전히 술을 버리지 못한다.

그러나 비웃을 필요가 없다. 이것이 바로 우리 자신의 모습이기 때문에. 우리 대부분이 마음속에 절대로 포기하고 싶지 않은 여러 가지 욕망을 가지고 있다. 그 욕망 중에서 어떤 것들은 분명히 자기 자신을 불행하게 만들고 있다는 것을 스스로도 잘 알고 있다. 그런데도 불구하고 여전히 우리는 그 욕망들을 포기하기가 결코 쉽지 않다. 그렇지 않은가?

욕망은 이와 같이 우리들이 진정으로 원하는 것이 무엇인지에 대해 착각하도록 만든다. 욕망을 위해서 오히려 행복을 희생하도록 만들고, 행복을 희생해가면서 부질없는 어떤 것을 계속 추구하게 한다.

어떤 것을 계속하면 처음엔 행복했다가도 나중엔 그것이 반복되면 이제 고통으로 돌아선다. 그런데도 깨닫지 못하고서 우리는 계속 그 짓을 한다. 왜냐하면, 중독되었기 때문이다. 중독돼서 끊을 수가 없다. 괴로움이 너무 커져서 더는 자신을 속이지 못하고

'이것이 나를 해치고 있으니까 이제 그만 끊어야겠다.' 하고 생각을 하더라도 이제는 끊기가 몹시 힘들다.

중독을 하나 끊으려면 보통 고생해야 하는 것이 아니다. 수행자의 삶이 그토록 괴로워 보이는 이유도 바로 이것이다. 중독됐던 모든 것들로부터 헤어 나오는 길이기 때문에 그 과정이 참으로 괴로울 수밖에 없다.

그러나 중독이 하나씩, 하나씩 떨어져 나가면 비로소 '아, 내가 이 길을 참으로 잘 선택했구나.' 하는 걸 느낄 수가 있을 거라고 나는 생각한다. 중독이 적으면 적을수록 더욱 평안해질 것이 틀림없으니까.

그러나 나는 아직 괴로움 속에서 몸부림치고 있다. 세상 대부분의 사람들과 마찬가지로.

우리가 모두 빨리 이 괴로움에서 벗어나 궁극의 평안에 머무를 수 있기를 나는 기원한다.

20

어리석은 말과 지혜로운 말

어떤 사람이 페이스북에 아래와 같은 게시물을 올렸다.

번역을 하면 다음과 같다.

한 남자가 부처님께 여쭈었다.

"저는 행복을 원해요."

부처님께서 말씀하셨다.

"먼저 아집인 '저는'을 없애라. 그다음에 욕망인 '원해요'를 없애라. 이제 보아라. 너에게는 오직 행복만 남았지."

이 글을 지어낸 사람이나 게시물을 열심히 퍼다 올린 사람들이

나 이 이야기가 대단히 지혜롭게 느껴졌던 모양이다. 그렇다면 내가 지어낸 아래 패러디를 한번 보자.

한 남자가 부처님께 여쭈었다.

"저는 괴로움이 싫어요."

부처님께서 말씀하셨다.

"먼저 아집인 '저는'을 없애라. 그다음에 혐오심인 '싫어요'를 없애라. 이제 보아라. 너에게는 오직 괴로움만 남았지."

여기서 내가 반대하는 것은 아집과 욕망을 없애면 행복해진다는 주장이 아니다. 그것은 진실일 것이라고 나 역시 믿는다. 내가 반대하는 것은 허튼 말장난의 잘못된 논리다. 만약 첫 번째 말장난의 논리가 성립한다고 인정한다면 내가 만든 패러디 역시 성립한다고 인정해야 하고, 그러면 아집과 혐오심을 없애면 괴로움만 남는다는 어이없는 결론이 되기 때문이다.

그리고 먼저 아집을 없애고 나서 욕망을 없애라는 말도 잘못되었다. 왜냐하면, 아집은 모든 번뇌의 뿌리이고, 아집을 없애면 동시에 모든 번뇌가 제거되므로 이미 완전히 제거되어 있지도 않은 욕망을 새삼 없애라는 말은 합당하지 않기 때문이다.

이것은 뭐, 모르면 실수할 수도 있다. 그러나 황당한 것은 첫 번째 이야기를 떠올리지 않았다면 모를까, 기왕 머리 굴려가면서 떠올렸다면 왜 즉각 두 번째 이야기는 자동으로 떠올리지 못했을까 하는 점이다.

어쨌건 내가 이 이야기를 꺼낸 이유는 여기서 두 가지 중요한 문제를 생각해 볼 수 있기 때문이다.

첫째, 사람들은 아무리 어리석은 생각일지라도 자기 생각이 지혜롭다고 느끼기에 십상이다. 왜냐하면, 그 생각이 어리석다는 것을 알았다면 당연히 그 생각을 버렸을 것이기 때문이다. 다시 말해 자기 수준이 그 정도이므로 자기 생각이 대단히 지혜롭다고 느끼겠지만, 그보다 더 지혜로운 사람이 보기엔 대단히 어리석은 생각일 수 있다. 그러므로 항상 자기 생각에 조심하고 겸손해야 한다.

둘째, 대부분의 사람들이 자기 머릿속에 어떤 생각이 떠오르면 별다른 검토를 거치지도 않고 곧바로 옳다고 받아들인다. 더 심하게는 남에게 강하게 주장하기까지 한다.

자기 말에 근거가 없으면 "~이지 않을까?" 식의 조심스러운 추측으로 말하는 것이 적절하다.

어떤 생각이 많은 검토를 거쳐 합당한 근거가 쌓일수록 비로소 조금씩 더 강하게 표현해도 될 자격이 생기고, 너무나 많은 합당한 근거들 때문에 도저히 다른 결론은 있을 수 없어 보여야만 진실로 확신할 수 있고 남에게도 강하게 주장할 수 있는 자격을 갖춘 것이다.

그러나 많은 사람은 자기 생각에 아무런 검토도 거치지 않고 털끝만 한 근거도 갖추지 않은 채 자기 머릿속에 그저 떠오르자마자 의심할 수 없는 진리로 선포해 버린다. 너무나 건방지고 어리석고 황당한 짓이다.

남에게 어떤 주장을 하려거든 먼저 자신의 주장에 대해 반론부터 떠올려 보는 것이 유익하다. 내가 어떤 주장을 하면 누군가 그에 대한 반론도 할 수 있지 않은가? 만약 반론에 적절히 대응할 준비가 되어 있지 않다면 나는 당황하고 망신당하게 될 것이다. 이러한 사태를 왜 예상하지 않는가?

자신의 주장에 대해 제기될 법한 반론들을 많이 떠올리면 떠올릴수록 그만큼 자기한테 유리하다. 만약 자신의 첫 번째 생각이 어리석은 생각이었다면 여러 합당한 반론들의 공격에 의해 자기 마음속에서부터 먼저 무너질 것이다. 그러면 괜히 입 밖에 냈다가 타인에게 망신당할 일도 없다. 그리고 좀 더 지혜로운 생각을 하게 되고, 누군가 자기와 똑같은 실수를 할 경우 올바르게 지적할 수도 있게 된다.

만약 자신의 첫 번째 생각이 진실한 것이었다면 여러 반론의 시험대를 거치며 적절한 대처법이 준비될 것이고, 그럴수록 나의 말에는 강력한 근거와 설득력이 뒷받침될 것이다. 누가 어떤 반론을 하면 그는 이미 거기에 어떻게 적절하게 답변할지 준비돼 있으므로 멋지게 물리칠 수가 있다. 그러면 옆에서 보는 사람들조차 속으로 감탄하고 우러러보게 된다.

그러나 많은 검토를 거쳤을지라도 여전히 안심해선 안 된다. 자신의 어리석음은 자신이 보기 어려우니까.

그러나 그렇더라도 아무런 검토도 없이 말하는 것보단 검토를 거치는 것이 당연히 더 낫다.

누가 어리석은 말을 하면 "참 더럽게 멍청하네." 하고, 그래서는 안 될지는 몰라도 어쨌거나 그렇게 경멸하는 마음이 드는 것이 많은 사람에게 일어나는 자연적인 현상이다. 그렇다면 어리석은 주장을 해서 사람들이 나를 경멸하는 마음을 품게 할 것인가, 아니면 지혜롭고 설득력 있는 말로 존경하는 마음이 들게 할 것인가? 이제 우리는 어떻게 어느 쪽으로 가는지 알고 있다.

21

농담이에요, 농담. 하하하!

티베트불교에는 겔룩파, 닝마파, 까규파, 싸까파 등의 4대 종파가 있다. 유명한 달라이라마가 속한 종파가 바로 겔룩파다.

겔룩파에 속하는 IBD에서는 불교 학습 과정의 끝에 겔룩파 외의 나머지 세 종파의 교리들을 배우고 회통하는 시간을 갖는다.

나는 이 시기에 수업에 거의 들어가지 않았지만 닝마파 교리를 배우는 기간에 흥미가 발동해서 몇 번 들어가 보았다. 들어가서 보니 닝마파 교리를 가르치러 온 강사 스님이 겔룩파 학생들의 반론에 애를 먹고 있다. 그런데 그 닝마파 스님은 언제나 문답 중에 "농담이에요, 농담. 하하하!" 하고 논쟁을 흐지부지 끝내곤 하는 것이었다. 내가 가만히 수업을 들으며 논쟁을 지켜보니 그

닝마파 스님은 어떤 일관된 주장을 견지하지 못하고 있었다. 한참 무슨 이론을 설명하다가 어떤 학생이 따지고 들면 가르쳤던 것들을 금방 포기해 버리고, 한때는 이렇게 말했다가 또 다른 때는 정반대로 말하고, 그럴 거면 도대체 왜 가르치고 왜 말하는가 싶은 생각이 들었다. 가르쳐도 결국 가르친 게 없고, 배워도 결국 배운 것이 없으니 말이다. 물론 하필 그 시기에 역량 있는 닝마파 스님을 데려오지 못해서 운 나쁘게 좀 실력이 떨어지는 강사 스님이 수업을 맡은 것일 수도 있다.

학생들은 반은 예의상, 반은 그냥 그러려니 하는 생각으로 적당히 추궁하다 말지만, 나는 성격이 모질어서 만족스럽지가 못했다. 어떻게 하면 상대의 오류를 치명적으로 드러낼 수 있을까 고민하였고, 그래서 그 실마리를 얻고자 어느 날 나도 그 스님에게 슬쩍 질문을 던지기 시작했다. 문답이 몇 번 오가더니 그러나 결국 역시 마찬가지다.

"농담이에요, 농담. 하하하!"

이렇게 나오는데 어떻게 더 추궁할 수가 있겠는가? 더군다나 선생과 학생 간의 수업 도중에 말이다. 내가 마지막으로 농담 식으로 질문했다.

"친구가 나보고 '돈 얼마 있어?' 하고 물으면 '나한테 돈이 있는 것도 아니고 없는 것도 아니야.'라고 대답해야 하나요?"

반 친구들이 조용히 웃음을 터뜨렸다. 그 스님도 웃으며 이렇게 대답한다.

"아, 물론 세속적 차원에서는 있다고 말해야겠죠."

그러면서 자기 입장에 대해 변명하는 보충 설명들을 한다.

그러나 중요한 것은 바로 그 말이다. "세속적 차원에서는 있다고 말해야 한다."라는.

그것은 이제껏 그가 인정했던 말이 아니었다. 그리고 나중에 또 부정할 것이다. 지금 이렇게 인정해 놓고서는.

그가 진지한 태도로 임한다면 그런 식으로 오락가락하지는 않을 텐데…….

이 스님이 반대파들에 둘러싸여 집중포화를 받으면서도 여유 있게 받아넘기는 모습은 대단히 존경스럽다. 나 같았으면 떨고 흥분하고 도저히 눈 뜨고 보기 거북한 추한 꼴을 보였을 것이다. 그 스님 역시 "제가 실력이 부족해서 이 수업에 올 때마다 대단히 긴장이 됩니다." 하고 말하기는 하였다. 그의 말이 사실일지도 모른다. 그러나 적어도 겉으로 보기에는 전혀 긴장하는 것처럼 보이지 않는다. 그것만 해도 정말 대단한 거다.

그가 어떤 견해에 집착이 없기 때문에 이렇게 할 수 있다고 생각할 사람도 있을지 모르겠다. 어느 정도는 그 말이 사실이다. 어떤 견해에 집착할수록 그 견해에 대한 반대에 부닥치면 더 화가 나고 긴장하기 쉽다. 그러나 반대 견해와 갈등하기 싫어서 아무런 견해도 견지하지 않는다는 것은 결코 정답이 아니다. 대단히 못난 생각이고, 얻는 것보다 훨씬 더 중요한 것을 잃는다. 그리고 사실 본래 원하는 것을 이룰 수도 없다. 왜냐하면, 상식적인 많은 사람이 그런 태도에 거부감을 느끼거나 최소한 올바르지 않다고 생각할 것이기 때문이다.

또, 자신의 견해를 뚜렷하게 견지한다고 해서 반드시 여유롭지 못하게 되는 것도 아니다. 티베트불교의 수많은 강사 스님들과 학승들이 그것을 몸으로 직접 보여주고 있다. 그리고 이러한 면에서 누구보다 뛰어난 분이 바로 부처님이다. 부처님은 "무엇이 진리다."라고 선포하면서 아무런 두려움이 없다고 하였다. 왜냐하면, 자신이 말한 진리에 대해 누구도 합당한 반론을 할 수 없음을 너무나 확실히 알고 있기 때문이라고 한다.

다시 본론으로 돌아가 여기서 중요한 철학적인 문제를 이야기하고 싶다.

먼저 생각하기 쉽도록 예를 하나 들어보자.

어머니가 아프셔서 병원에 입원을 하셨다. 어떤 사람이 병문안을 가기 위해 어머니가 계신 병원의 위치를 묻는데 이렇게 대답한다면 어떨까?

"어머니는 있는 것도 아니고, 없는 것도 아닙니다. 병원 역시 있는 것도 아니고, 없는 것도 아니고요."

이러한 대답을 올바른 대답이라고 할 수 있을까?

이러한 말이 설령 어떤 심오한 진리를 가리키고 있다고 하더라도 이 상황에 올바른 대답은 될 수 없다. 그 사람은 어머니와 병원에 대한 무슨 심오한 진리에 관해 물은 것이 아니지 않은가?

반면에 내가 이렇게 대답한다면 어떨까?

"어머니는 지금 ○○시, ○○동, ○○병원의 ○○호에 계셔요."

이런 대답은 잘못된 대답일까?

누구나 당연히 알고 있다. 바로 이러한 대답이 올바른 대답이라는 것을.

내가 실수나 거짓말을 하지 않았다면 어머니가 어느 병원에 계시다는 나의 말은 진실이다. 어떠한 진실인가 하면 일반적 진실이고 세속적 차원의 진실이다. 이러한 진실들을 바로 불교 용어로 세속제라고 부른다.

반면 또 다른 차원의 진실이 하나 있다. 병원은 일반적으로는 존재하지만, 궁극에까지 고찰해보면 실체가 없다. 무슨 말인가 하면, 한 번 천천히 따져 보자.

어떤 것이 병원인지 콕 찍어낼 수 있을까? 어떤 것이 병원인가? 병원으로 쓰이고 있는 그 건물이 병원인가? 만약 그렇다면 그 건물에서 병원 일을 그만두고 관공서로 쓰더라도 여전히 거기에 병원이 있어야 한다. 왜냐하면, 그 건물이 거기에 존재하고 있으니까. 그러나 거기에는 이제 병원이 없고 그 대신 관공서가 존재한다. 그러므로 병원이라고 했던 그 건물은 사실 병원이 아니라는 결론이다. 그렇다면 건물이 서 있는 땅이 병원일까? 그

공간이 병원일까? 그것도 아니면 병원 원장이 병원일까? 의사들이 병원일까? 환자들이 병원일까? 의료기구들이 병원일까? 아무개 병원이라고 써서 걸어놓은 간판이 병원일까? 병원에서 이루어지고 있는 행위들이 병원일까? 이처럼 생각해보면 "이것이 바로 병원이다."라고 병원의 실체를 콕 집어낼 수는 없다는 것을 알 수 있다. 다만 이러한 모든 것들이 모여서 치료 행위가 이루어지고 있는 어떤 장소에 임의로 병원이라고 이름 붙였을 뿐이다. 이와 같이 병원이란 여러 조건에 의지해서 이름 붙여진 존재일 뿐 그 실체가 없다. 바로 이것이 병원의 궁극적인 진실이다. 궁극적인 진실을 불교 용어로 승의제라 한다.

이와 같은 궁극적 진실과 일반적 진실, 불교 용어로 세속제와 승의제라고 하는 이 두 가지 다른 차원의 진실을 혼동해선 안 된다.

병원에 실체가 없다는 궁극적 진실은 병원이 일반적으로 엄연히 존재한다는 세속적 진실과 충돌하지 않는다. 병원의 존재를 인정해야 병원의 궁극적 진실 역시 인정할 수 있는 것이지, 병원이 없다면 병원의 궁극적 진실이란 도대체 무엇이란 말인가?

그러나 중관파의 철학을 잘못 이해한 많은 이들이 세속제와 승의제가 서로 충돌한다고 생각해서 이렇게 말하지도 못하고 저렇게 말하지도 못하고 결국 이것도 저것도 아니고 어떤 견해도 갖지 않는 것을 중관파의 올바른 견해인 것으로 착각한다. 그러나 그런 이들이 가진 그 견해는 견해가 아니고 무엇이란 말인가? 견해를 갖지 않고자 하였으나 어쩔 수 없이 견해를 갖고 있고, 모순을 피하고자 하였으나 세상의 모든 것과 충돌하는 가장 심각한 모순에 빠져 있다.

불교 경전에 "있는 것도 아니고 없는 것도 아니다."라는 식의 표현은 실제로 무수히 많이 나온다. 그러나 그 말들이 가리키고 있는 의미와 우리가 일반적으로 있음과 없음이란 말로 가리키는 의미가 같은 의미인지를 생각해 보아야 한다.

일반적인 언어관습에서 있음과 없음은 서로 반대되는 말이다. 다시 말해 있다면 그것은 없는 것이 아니고, 없다면 그것은 있는 것이 아니다. 또, 있지 않다면 그것은 없는 것이고, 없지 않다면 그것은 있는 것이다. 그것이 바로 있음과 없음이라는 용어의 일반적인 사용법이다.

언어란 인간들이 이떤 대상들을 가리키기 위해서 뒤늦게 임의로 갖다 붙인 것이므로 사회적 합의일 뿐이다. 예를 들어 '개'라는 말은 그 말이 가리키는 대상보다 먼저 있지도 않았고, 동시에 생기지도 않았고, 뒤늦게 임의로 갖다 붙인 것이며, 꼭 '개'라고 해야 했을 필요도 없다. 그저 여러 사람끼리 서로 어떤 것을 '개'라고 부르기로 합의했을 뿐이다.

이처럼 언어란 본래가 다수의 인간 사이의 합의이므로 그것을 사용할 때는 이 합의에 따라야 한다. 그것이 언어의 올바른 사용법이다.

그리고 있음과 없음이라는 용어에 대한 합의는 그 두 가지가 서로 반대된다는 것이다.

언어라는 것이 어떠한 것인지를 이해하고 이와 같은 사실에 대해 생각한다면 경전들에서 "있는 것도 아니고 없는 것도 아니다."라고 한 말씀에 대해 우리가 일반적으로 쓰는 언어관습 그대로의 의미로는 받아들일 수 없다. 그렇다면 그 말이 어떤 의미를 가리키는가를 다시 한 번 생각해 보아야 한다.

그래서 가만히 살펴보면 부처님은 어떤 존재를 분석하면서 그 존재의 실체가 없다는 것을 보여줄 때마다 있는 것이 아니라고 말씀하신다. 그렇다면 우리는 "있는 것이 아니다."라는 말이 실체가 없다는 뜻으로 한 말이라고 생각할 수 있다.

또, "없는 것이 아니다."라고 하실 때는 어떤 것이 발생하거나 현실적으로 작용하는 등 일반적으로 엄연히 존재한다고 생각되는 것을 이유로 들어 그렇게 말씀하신다. 그렇다면 "없는 것이 아니다."라는 말은 일반적으로 "있다."고 말하는 의미와 같다.

그렇다면 경전에서 "있는 것도 아니고 없는 것도 아니다."는 식으로 표현한 말의 의미를 일반적인 언어 용법으로 다시 표현하면 다음과 같이 된다.

"실체는 없다. 그러나 일반적으로는 엄연히 존재한다."

이것을 논서들에서 다음과 같이 여러 가지 방식으로 표현한다.

“세속적 차원에서 존재한다. 그러나 승의에서 존재하는 것은 아니다.”

“언어 관습적 차원에서 존재한다. 그러나 궁극적으로 규명하면 실체를 얻을 수 없다.”

“일반적으로는 엄연히 존재한다. 그러나 실재는 아니다.”

모두 같은 뜻이다.

반야경 같은 경전들을 보면 부처님은 한 가지 대상을 두고서 이처럼 두 가지 다른 차원의 진실을 꼭 병렬해서 말씀하시곤 한다. 여기에는 중요한 이유가 있다.

먼저, 그 두 가지 차원의 진실은 모두 올바로 알아야 할 필요성이 있기 때문이다.

세속적인 차원의 진실에서 오해가 있으면 일반적으로 올바른 판단과 행위를 할 수가 없다. 예를 들면 선과 악을 모두 똑같이 무의미한 것으로 보고 스스로 부도덕한 사람이 되고 남에게도 안 좋은 영향을 끼친다.

또 엄연히 존재하는 번뇌와 괴로움과 해탈을 모두 부정하면 번뇌와 괴로움의 뿌리를 제거해서 해탈을 성취하는 길을 갈 수가 없고, 또 남에게도 그러한 악영향을 준다.

또 올바른 지식과 잘못된 주장을 똑같이 취급하면 학문과 과학적 지식 등을 무의미하게 만들므로 자신의 지능과 타인의 지능을 해친다.

궁극적인 차원의 진실에서 오해가 있으면 해탈을 성취할 수가 없다. 왜냐하면, 해탈을 성취하기 위해선 모든 번뇌의 뿌리인 아집을 제거해야 하는데 아집이라는 것은 존재를 실재처럼 받아들인 것이므로 그것을 제거하기 위해서는 존재의 비실재성을 깨닫는 것 말고는 다른 방법이 없기 때문이다.

두 번째로, 사람들은 이 두 가지 다른 차원의 진실을 자꾸만 혼동하기 때문이다. 한 가지를 말하면 그것이 다른 한쪽의 진실을 부정하는 줄 착각한다. 그래서 둘 중의 한 가지 진실을 부정하면 잘못된 판단과 행동을 하므로 폐해가 발생한다. 그러므로 그러한 오해를 방지하기 위해서 한 가지 차원의 진실을 말한 이후엔 연달아 다른 차원의 진실도 함께 말씀하셔야 했다.